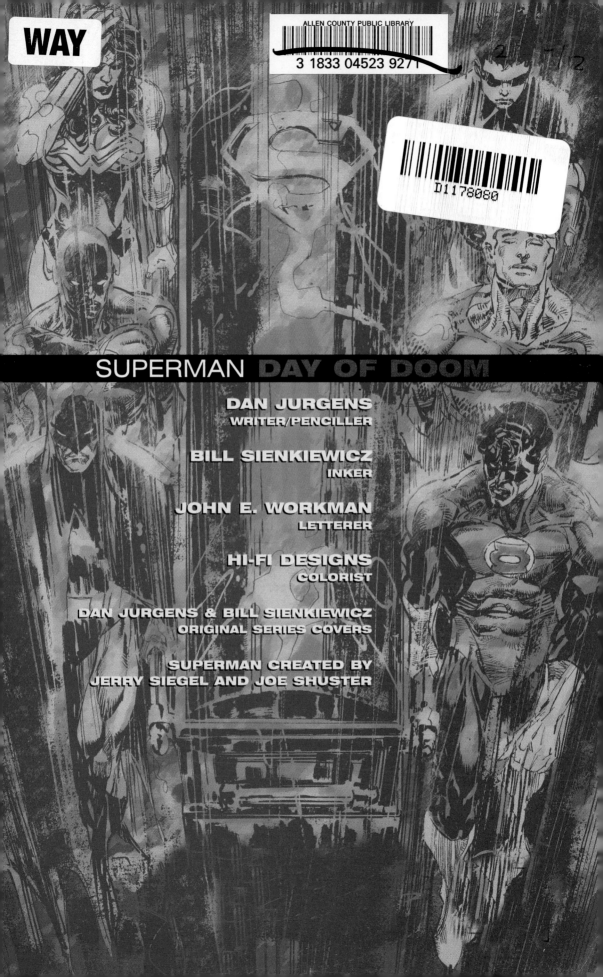

SUPERMAN DAY OF DOOM

DAN JURGENS
WRITER/PENCILLER

BILL SIENKIEWICZ
INKER

JOHN E. WORKMAN
LETTERER

HI-FI DESIGNS
COLORIST

DAN JURGENS & BILL SIENKIEWICZ
ORIGINAL SERIES COVERS

**SUPERMAN CREATED BY
JERRY SIEGEL AND JOE SHUSTER**

SUPERMAN: DAY OF DOOM

Published by DC Comics.
Cover and compilation copyright © 2003
DC Comics. All Rights Reserved.

Originally published in single magazine form
in SUPERMAN: DAY OF DOOM 1-4.
Copyright © 2002 DC Comics.
All Rights Reserved. All characters, their
distinctive likenesses and related indicia
featured in this publication are trademarks
of DC Comics.
The stories, characters and incidents
featured in this publication are entirely
fictional. DC Comics does not read or accept
unsolicited submissions of ideas, stories
or artwork.

DC Comics, 1700 Broadway,
New York, NY 10019
A Warner Bros. Entertainment Company
Printed in Canada. First Printing.
ISBN: 1-4012-0086-9
Cover illustration by Dan Jurgens and
Bill Sienkiewicz

YOU KNOW, THE FIRST TIME I HEARD OF HIM, I DIDN'T EVEN THINK HE WAS *REAL*.

DIDN'T BELIEVE A MAN COULD FLY 'TIL I SAW HIM WITH MY OWN EYES.

YO, DAWG, IF I COULD DO WHAT HE DOES, I'D PLAY FOR THE *LAKERS*.

I THINK HE'S *WAYYY* BETTER THAN THAT SPOOKY GUY IN GOTHAM.

STEROIDS. AND A HIDDEN ROCKET PACK. THAT'S ALL IT IS.

ANOTHER *PLANET*--THAT *BLEW UP! SEE*--IT JUST GOES TO SHOW THAT WE HAVE TO EMBRACE AND PROTECT OUR MOTHER EARTH!

LIKE I GIVE A DAMN.

THAT MAN IS *HOT.*

I'D GIVE *ANYTHING* FOR A DATE WITH HIM.

UM...DO YOU HAVE HIS NUMBER?

C'MON, MAN. THE NAME SAYS IT ALL.

WRUNK

REEEEEKKT

WHOA.

MMM...

BRUMPT

4

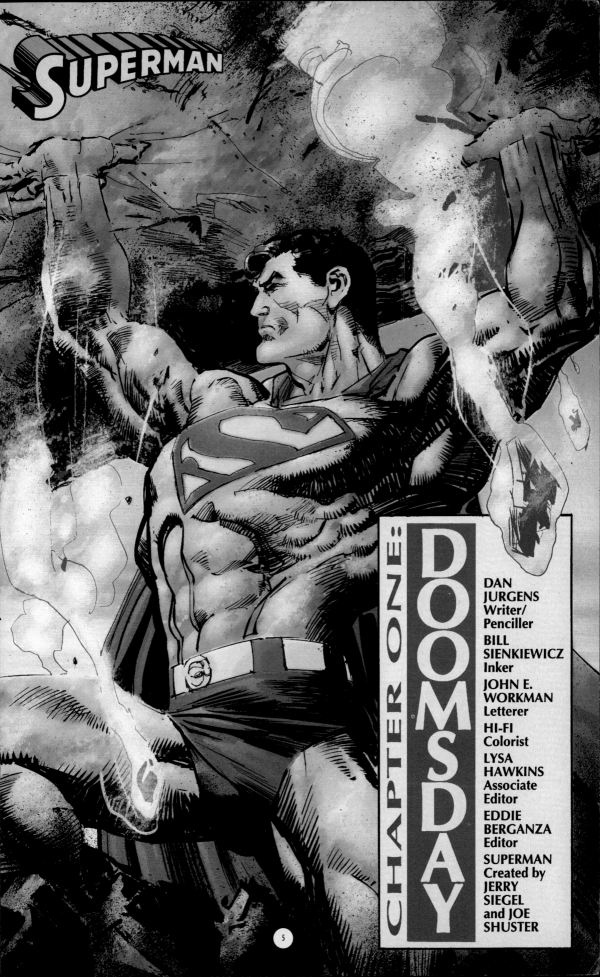

SUPERMAN

CHAPTER ONE: DOOMSDAY

DAN JURGENS
Writer/Penciller

BILL SIENKIEWICZ
Inker

JOHN E. WORKMAN
Letterer

HI-FI
Colorist

LYSA HAWKINS
Associate Editor

EDDIE BERGANZA
Editor

SUPERMAN Created by JERRY SIEGEL and JOE SHUSTER

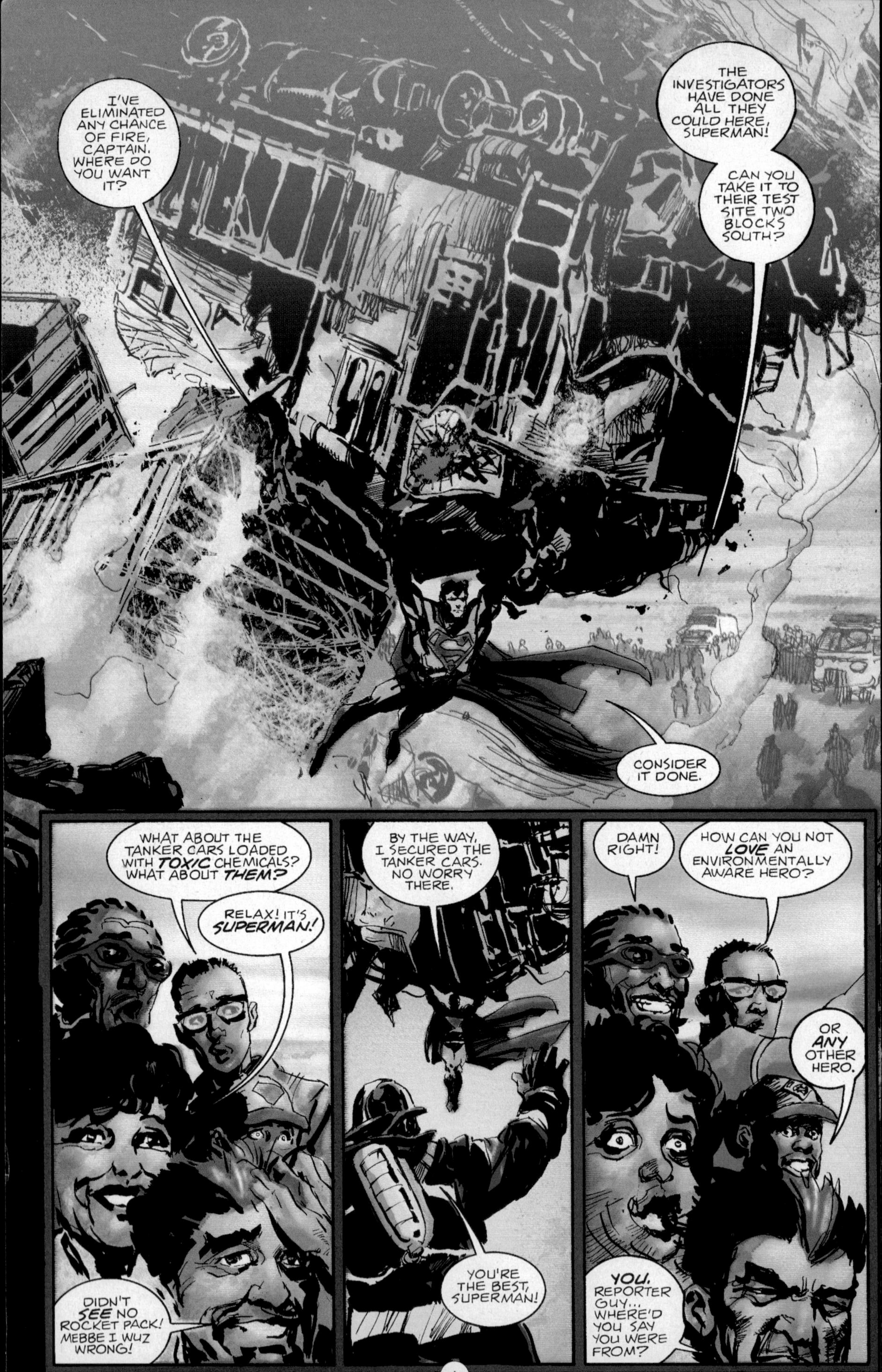
I'VE ELIMINATED ANY CHANCE OF FIRE, CAPTAIN. WHERE DO YOU WANT IT?
THE INVESTIGATORS HAVE DONE ALL THEY COULD HERE, SUPERMAN!
CAN YOU TAKE IT TO THEIR TEST SITE TWO BLOCKS SOUTH?
CONSIDER IT DONE.
WHAT ABOUT THE TANKER CARS LOADED WITH TOXIC CHEMICALS? WHAT ABOUT THEM?
RELAX! IT'S SUPERMAN!
DIDN'T SEE NO ROCKET PACK! MEBBE I WUZ WRONG!
BY THE WAY, I SECURED THE TANKER CARS. NO WORRY THERE.
YOU'RE THE BEST, SUPERMAN!
DAMN RIGHT!
HOW CAN YOU NOT LOVE AN ENVIRONMENTALLY AWARE HERO?
OR ANY OTHER HERO.
YOU. REPORTER GUY... WHERE'D YOU SAY YOU WERE FROM?

METROPOLIS.

TY DUFFY. I WRITE FOR THE *DAILY PLANET.*

LUCKY YOU! I BET YOU GET TO SEE SUPERMAN ALL THE TIME!

HOW WELL D'YA KNOW HIM?

HOW MANY TIMES HAS HE SAVED *YOUR* LIFE?

ZERO. LOOK, ALL I KNOW IS THE OBVIOUS.

BRIEFS, NOT BOXERS.

GUESS WHAT THEY SAY 'BOUT YOU METROPOLITANS BEING *RUDE* IS TRUE.

THINK THEY'RE BETTER THAN US BECAUSE THEY GOT SUPERMAN TO WATCH OVER 'EM! WELL, TODAY HE TOOK CARE OF *OHIO,* FELLA. REMEMBER *THAT.*

UH-HUH.

HELLO, JEN. CAN YOU BOOK ME ON THE NEXT AVAILABLE FLIGHT?

TELL PERRY I'M *DONE* HERE.

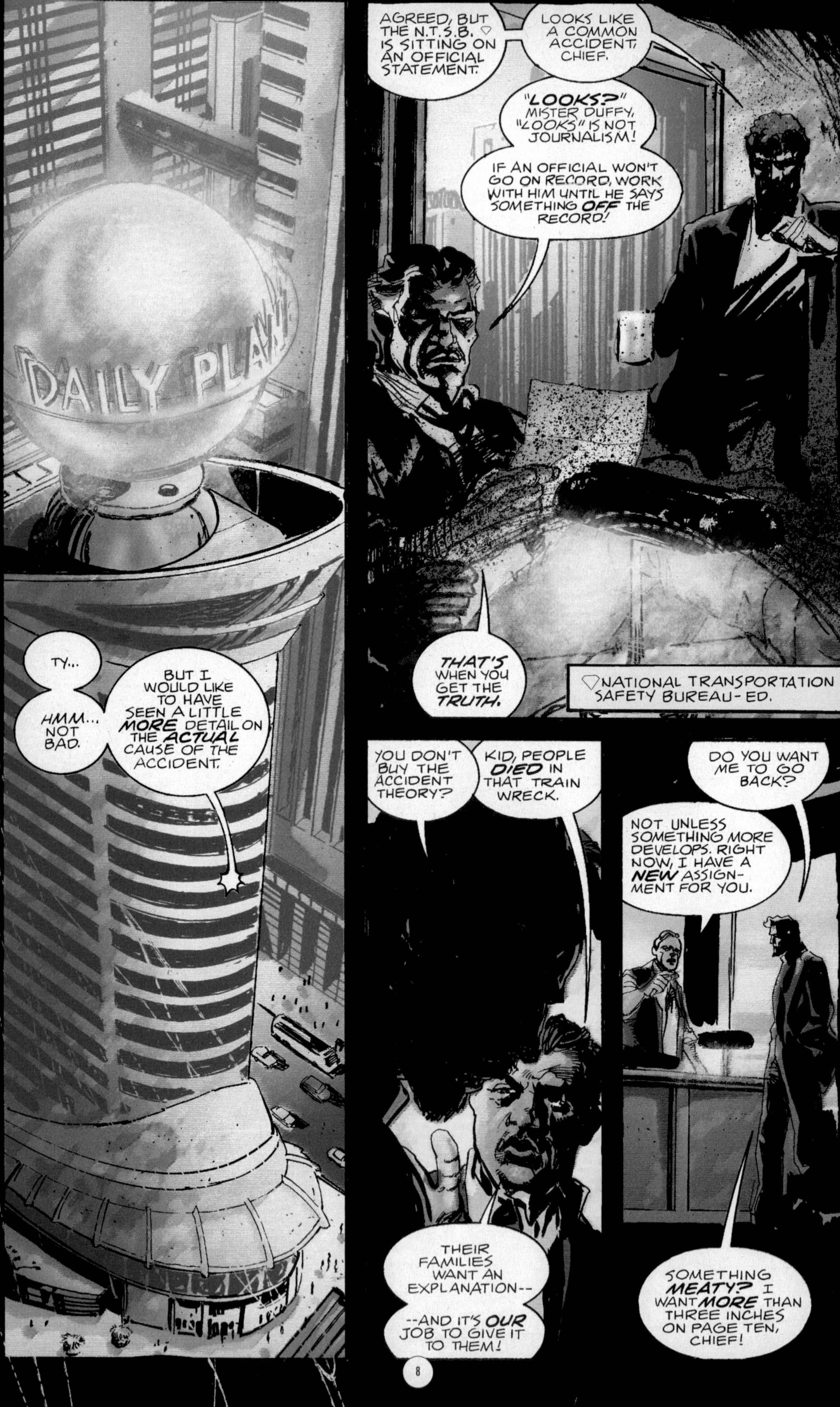
DAILY PLA
TY...
HMM... NOT BAD.
BUT I WOULD LIKE TO HAVE SEEN A LITTLE MORE DETAIL ON THE ACTUAL CAUSE OF THE ACCIDENT.
LOOKS LIKE A COMMON ACCIDENT, CHIEF.
AGREED, BUT THE N.T.S.B.♡ IS SITTING ON AN OFFICIAL STATEMENT.
"LOOKS?" MISTER DUFFY, "LOOKS" IS NOT JOURNALISM!
IF AN OFFICIAL WON'T GO ON RECORD, WORK WITH HIM UNTIL HE SAYS SOMETHING OFF THE RECORD!
THAT'S WHEN YOU GET THE TRUTH.
♡NATIONAL TRANSPORTATION SAFETY BUREAU- ED.
YOU DON'T BUY THE ACCIDENT THEORY?
KID, PEOPLE DIED IN THAT TRAIN WRECK.
THEIR FAMILIES WANT AN EXPLANATION--
--AND IT'S OUR JOB TO GIVE IT TO THEM!
DO YOU WANT ME TO GO BACK?
NOT UNLESS SOMETHING MORE DEVELOPS. RIGHT NOW, I HAVE A NEW ASSIGN-MENT FOR YOU.
SOMETHING MEATY? I WANT MORE THAN THREE INCHES ON PAGE TEN, CHIEF!

RIGHT. EVERYONE WANTS TO SEND THEIR MOTHER THEIR FIRST PAGE-ONE STORY, BUT IT DOESN'T DROP OUT OF THE SKY.

YOU HAVE TO *EARN* IT, TY.

MY MOTHER PASSED ON A LONG TIME AGO, SIR.

SORRY. ANYWAY, FIND THE RIGHT STORY AND WORK IT UNTIL IT *SINGS.*

REMEMBER... A GOOD REPORTER DOESN'T GET GREAT STORIES-- HE *MAKES* THEM GREAT!

AND I MAY HAVE *JUST* THE ONE.

YEAH?

THE ANNIVERSARY OF SUPERMAN'S DEATH IS THIS MONTH. I WANT YOU TO DO A WRITE-UP ON IT.

MAKE ME HEAR MUSIC, AND THE FRONT PAGE IS *YOURS.*

BUT... WE DO THAT STORY *EVERY* YEAR!

IT'S A *REHASH.*

CLARK KENT'S GIVEN IT HIS SPIN. SO HAS LOIS LANE. A COUPLE OF TIMES, IN FACT.

THAT'S *WHY* I NEED A NEW TAKE. SOMETHING *FRESH.*

AND *YOU'RE* THE ONE TO GIVE IT TO ME.

BUT I WASN'T EVEN OUT OF HIGH SCHOOL WHEN IT HAPPENED. AND I DIDN'T EVEN *LIVE* IN METROPOLIS.

WHICH IS WHY YOU'LL HAVE A FRESH TAKE. AND HERE'S SOMETHING I DON'T USUALLY SAY--

--NO WORD LIMIT.

RUN WILD.

GO NUTS.

HAVE *FUN!*

BUT--!

I'LL HAVE TO READ OVER YOUR JOB DESCRIPTION, DUFFY!

I THOUGHT IT SAID *"REPORTER"* --NOT *"EDITOR"!*

CHIEF, WITH ALL DUE RESPECT ...I'M NOT SURE IT'S A STORY *WORTH* DOING.

SINCE YOU'RE *NEW* IN TOWN--AND THAT'S THE ONLY REASON I'M STILL LETTING YOU CALL ME *"CHIEF"* --I'LL CUT YOU SOME SLACK.

SUPERMAN'S DEATH *TRAUMATIZED* THIS CITY, TY, AND AS LONG AS I RUN THIS NEWS-PAPER, WE WILL *NOT* FORGET IT!

LET'S FACE IT.

SUPERMAN IS *ALIVE.*

HE DIDN'T *DIE!*

C'MON! LET ME SHOW YOU SOME-THING!

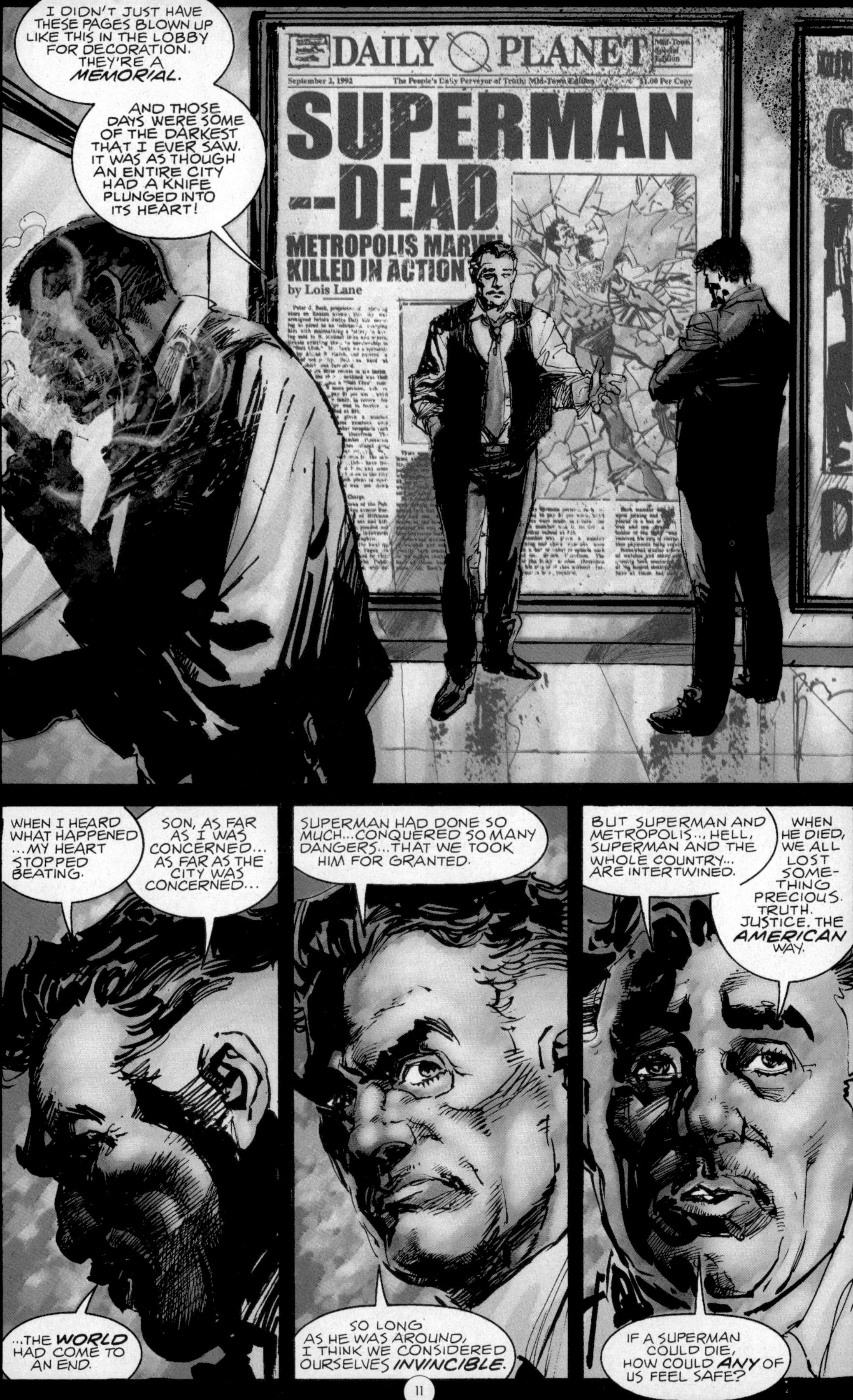

DAILY PLANET
September 2, 1992
SUPERMAN --DEAD
by Lois Lane
I DIDN'T JUST HAVE THESE PAGES BLOWN UP LIKE THIS IN THE LOBBY FOR DECORATION. THEY'RE A *MEMORIAL*.
AND THOSE DAYS WERE SOME OF THE DARKEST THAT I EVER SAW. IT WAS AS THOUGH AN ENTIRE CITY HAD A KNIFE PLUNGED INTO ITS HEART!
WHEN I HEARD WHAT HAPPENED ...MY HEART STOPPED BEATING.
SON, AS FAR AS I WAS CONCERNED... AS FAR AS THE CITY WAS CONCERNED...
...THE *WORLD* HAD COME TO AN END.
SUPERMAN HAD DONE SO MUCH...CONQUERED SO MANY DANGERS...THAT WE TOOK HIM FOR GRANTED.
SO LONG AS HE WAS AROUND, I THINK WE CONSIDERED OURSELVES *INVINCIBLE*.
BUT SUPERMAN AND METROPOLIS... HELL, SUPERMAN AND THE WHOLE COUNTRY... ARE INTERTWINED.
WHEN HE DIED, WE ALL LOST SOMETHING PRECIOUS. TRUTH. JUSTICE. THE *AMERICAN* WAY.
IF A SUPERMAN COULD DIE, HOW COULD *ANY* OF US FEEL SAFE?

WE WERE ALL *WOUNDED* THAT DAY. NOT JUST BECAUSE OF WHAT HAPPENED TO *SUPERMAN...*

...BUT BECAUSE OF WHAT HAPPENED TO THE CITY...

...METROPOLIS WENT TO WAR AGAINST AN UNKNOWN ENEMY.

AND A WAR HAS CASUALTIES.

THIS *DOOMSDAY* MARCHED ACROSS AMERICA, LEVELING EVERYTHING IN SIGHT, LEAVING A TRAIL OF VICTIMS AND TRAGIC STORIES.

IF NOT FOR SUPERMAN AND THE JUSTICE LEAGUE, I CAN'T BEGIN TO IMAGINE WHAT THE LOSS OF LIFE WOULD HAVE BEEN.

THOSE DAYS WERE ALL ABOUT *LOSS,* TY. PEOPLE LINED THE STREETS TO GET NEWSPAPERS AND MAGAZINES THAT TOLD THE STORY. SOME JUST KEPT WATCHING THE SAME FOOTAGE OVER AND OVER. THEY WERE MAD, CURIOUS, AND *AFRAID.*

THEY WANTED TO KNOW WHAT WOULD HAPPEN *NEXT.* THEY WANTED *NEWS!* AND *THAT'S OUR JOB!*

AND THERE'S *STILL* ONE HELL OF A STORY TO BE WRITTEN!

NOW... ENOUGH "BUTS." JUST GET OFF YOURS--

--HIT THE STREETS--

--AND WRITE ME *THAT* STORY.

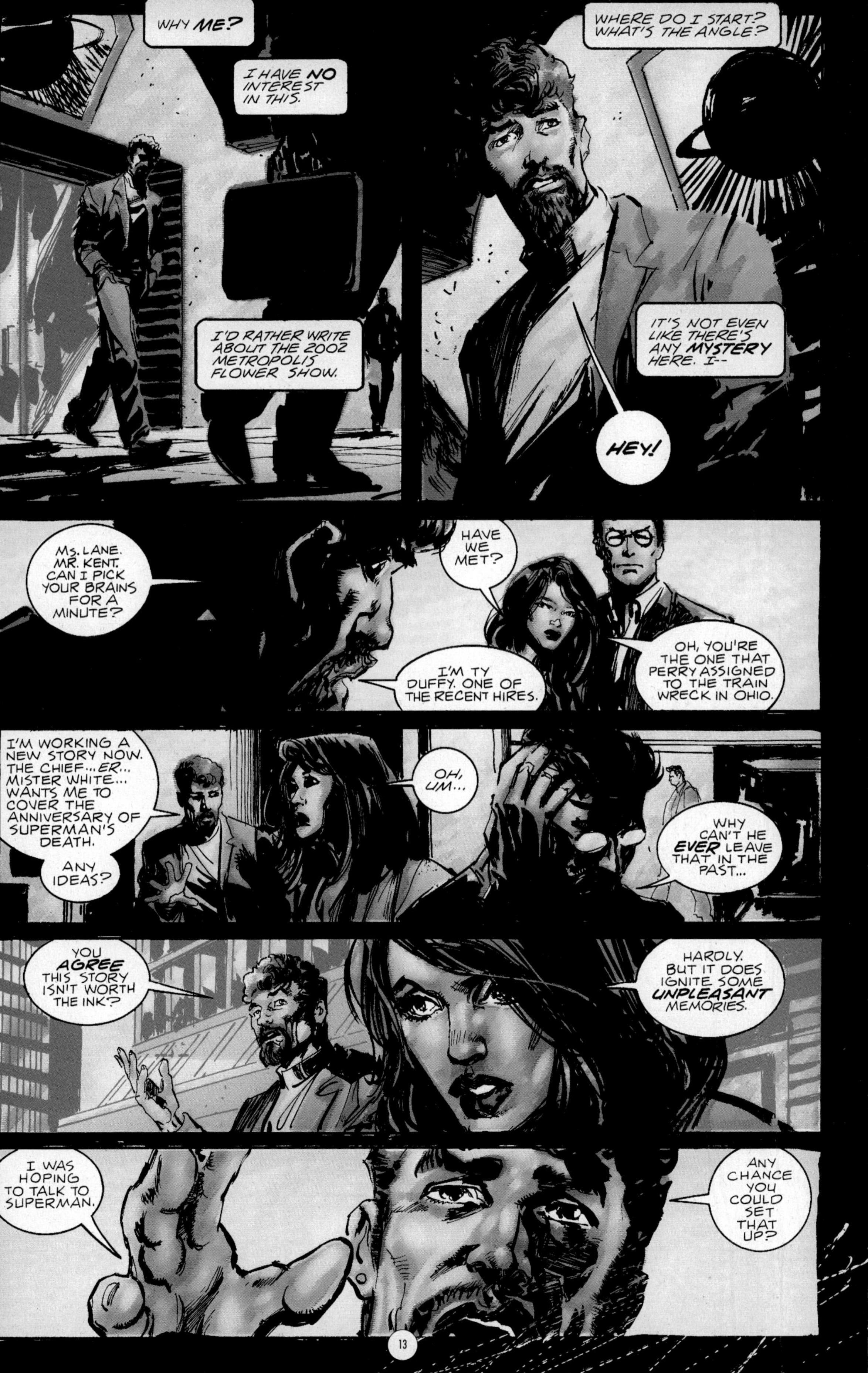
WHY ME?
I HAVE NO INTEREST IN THIS.
I'D RATHER WRITE ABOUT THE 2002 METROPOLIS FLOWER SHOW.
WHERE DO I START? WHAT'S THE ANGLE?
IT'S NOT EVEN LIKE THERE'S ANY MYSTERY HERE. I--
HEY!
Ms. LANE. MR. KENT. CAN I PICK YOUR BRAINS FOR A MINUTE?
HAVE WE MET?
I'M TY DUFFY. ONE OF THE RECENT HIRES.
OH, YOU'RE THE ONE THAT PERRY ASSIGNED TO THE TRAIN WRECK IN OHIO.
I'M WORKING A NEW STORY NOW. THE CHIEF...ER... MISTER WHITE... WANTS ME TO COVER THE ANNIVERSARY OF SUPERMAN'S DEATH.
ANY IDEAS?
OH, UM...
WHY CAN'T HE EVER LEAVE THAT IN THE PAST...
YOU AGREE THIS STORY ISN'T WORTH THE INK?
HARDLY. BUT IT DOES IGNITE SOME UNPLEASANT MEMORIES.
I WAS HOPING TO TALK TO SUPERMAN.
ANY CHANCE YOU COULD SET THAT UP?

I'M AFRAID NOT, TY.

WHAT ABOUT SOMEONE ELSE ON THE SCENE?

A J.L.A. MEMBER?

HOW? IT'S NOT LIKE THOSE GUYS HAVE PRESS AGENTS!

BESIDES... WASN'T THE J.L.A. A *MINOR* LEAGUE OUTFIT BACK THEN?

I SUPPOSE IT DID HAVE ITS LIMITATIONS. BUT THERE WAS *ONE* MEMBER WHO WAS *FAIRLY* ACCESSIBLE.

BY THE WAY, ANY NEWS ON WHAT CAUSED THE TRAIN CRASH?

NO WONDER PERRY TALKS ABOUT YOU SO MUCH. YOU'RE BOTH REPORTERS, DAWN TO DUSK.

AS FAR AS I KNOW, IT WAS *JUST* AN ACCIDENT. NOTHING MORE.

SO ...WHO WERE YOU THINKING I SHOULD CALL?

NO PARKING

HI-FI

FISH

READ THE DAILY PLANET

CATS 23

EVERYONE KNOWS KENT HAS THE **THICKEST** ROLODEX IN TOWN.

THE MAN IS MISTER CONTACT.

IN FACT, HIS REPUTATION HAS ME WONDERING IF I'M WASTING MY TI--!?

HEY, DUFFY! YOU DON'T MIND MY COMPADRE CRASHING THE PARTY, DO YOU?

CENTENNIAL PARK

FOOSH

BUT THIS INTERVIEW ISN'T EXACTLY HARD TO FIND.

WORD IS HE'LL ROLL THROUGH A MILE OF HOT COALS FOR A PARAGRAPH OF PRINT ANYWHERE.

WHAT THE--?

THE BLUE BEETLE NEEDS TO BE HUMORED. HE'S A MANIC DEPRESSIVE WHO NEEDS ALL THE SUPPORT HE CAN GET.

WHAT DID BOOSTER SAY? IS HE RIPPING ME AGAIN?

HE DIDN'T GIVE YOU THAT BULL ABOUT ME BEING A WOMAN IN THE PAST, DID HE? *THAT* WAS GUY GARDNER!

OH, LORD, *WHAT* HAVE I GOTTEN MYSELF INTO?

15

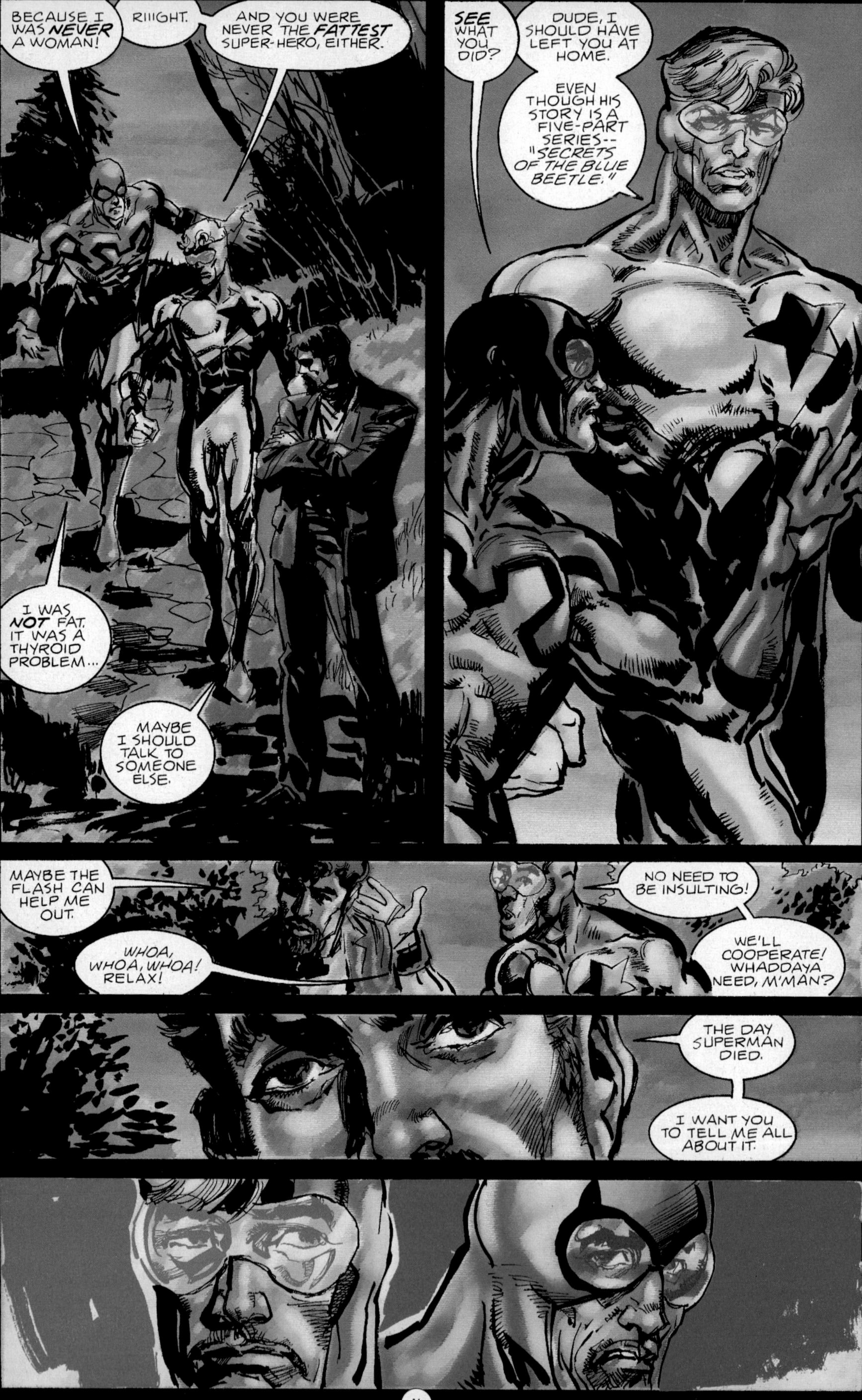
BECAUSE I WAS NEVER A WOMAN!
RIIIGHT.
AND YOU WERE NEVER THE FATTEST SUPER-HERO, EITHER.
I WAS NOT FAT. IT WAS A THYROID PROBLEM...
MAYBE I SHOULD TALK TO SOMEONE ELSE.
SEE WHAT YOU DID?
DUDE, I SHOULD HAVE LEFT YOU AT HOME.
EVEN THOUGH HIS STORY IS A FIVE-PART SERIES-- "SECRETS OF THE BLUE BEETLE."
MAYBE THE FLASH CAN HELP ME OUT.
NO NEED TO BE INSULTING!
WE'LL COOPERATE! WHADDAYA NEED, M'MAN?
WHOA, WHOA, WHOA! RELAX!
THE DAY SUPERMAN DIED.
I WANT YOU TO TELL ME ALL ABOUT IT.

DARK DAYS, MAN.

IT ALL STARTED IN A VAULT-- DEEP UNDER-GROUND.

WHO KNOWS HOW LONG *HE'D* BEEN THERE--BURIED ALIVE, TRYING TO BREAK FREE?

"HE WAS *MORE* THAN A BEAST.

"MORE THAN A *MONSTER.*

"HE WAS A HURRICANE --A FORCE OF NATURE ON TWO LEGS.

"HE COULDN'T BE STOPPED ANY MORE THAN YOU CAN STOP THE SUN FROM RISING.

"WE HAD NO IDEA OF WHAT WAS TO COME...OF WHAT WE WERE ABOUT TO FACE."

WE FOUND OUT LATER THAT HIS PUNCHES WERE SO STRONG THAT THEY REGISTERED ON SEISMOGRAPHS ALL OVER THE COUNTRY.

17

WHO KNOWS HOW LONG HE'D BEEN BURIED THERE?

YEARS. MAYBE EVEN CENTURIES. WAITING TO BLOW LIKE A VOLCANO.

WE HAD **NO** IDEA WHAT WE WERE WALKING INTO.

"WE RESPONDED TO NEWS REPORTS OF A MAN-SIZED MONSTER STOMPING THROUGH OHIO.

HOW'D YOU GET INVOLVED?

"GUY GARDNER.

"ICE.

"BOOSTER.

"BLOODWYND.

"MAXIMA.

"FIRE..."

THEY NEED THE WHOLE LEAGUE FOR ONE **MAN?**

"AND ME."

HE MIGHT BE ONE MAN, BUT HE'S ALREADY BACKED DOWN THE **ARMY.**

BRACE YOUR-SELVES!

INCOMING!

SHRAKT

IF SUPER-HEROES HAVE ONE DRAWBACK--

--OR A THOUSAND, LIKE BEETLE-BOY HERE--

--IT'S THAT THEY'RE SO CONFIDENT IN THEIR ABILITIES THAT ADVANCE PLANNING AND STRATEGY ARE UNHEARD OF.

ESPECIALLY GARDNER. TACTICS WERE AS FOREIGN TO HIM AS A BAR OF SOAP IS TO A CAMEL.

DUDE, ALL YOU HAD TO DO WAS POINT AT THE BAD GUY AND *BAD GUY* WOULD CRANK IT UP AND KICK *MAJOR* BUTT.

DIDN'T MATTER IF IT WAS A FIVE-YEAR-OLD GIRL WHO SWIPED A CANDY BAR FROM A LITTLE BROTHER, OR A KHUND WARRIOR SPACE FLEET.

HIS APPROACH WAS CONSISTENT.

REAL BULL IN A CHINA SHOP, HUH?

WHICH IS WHY GARDNER WAS THE *FIRST* TO FALL.

CENTENNIAL PARK

LUCKILY, HE DIDN'T GET HIS HEAD RIPPED OFF. HE WAS THE FIRST TO FACE *HIM.*

YOU MEAN--

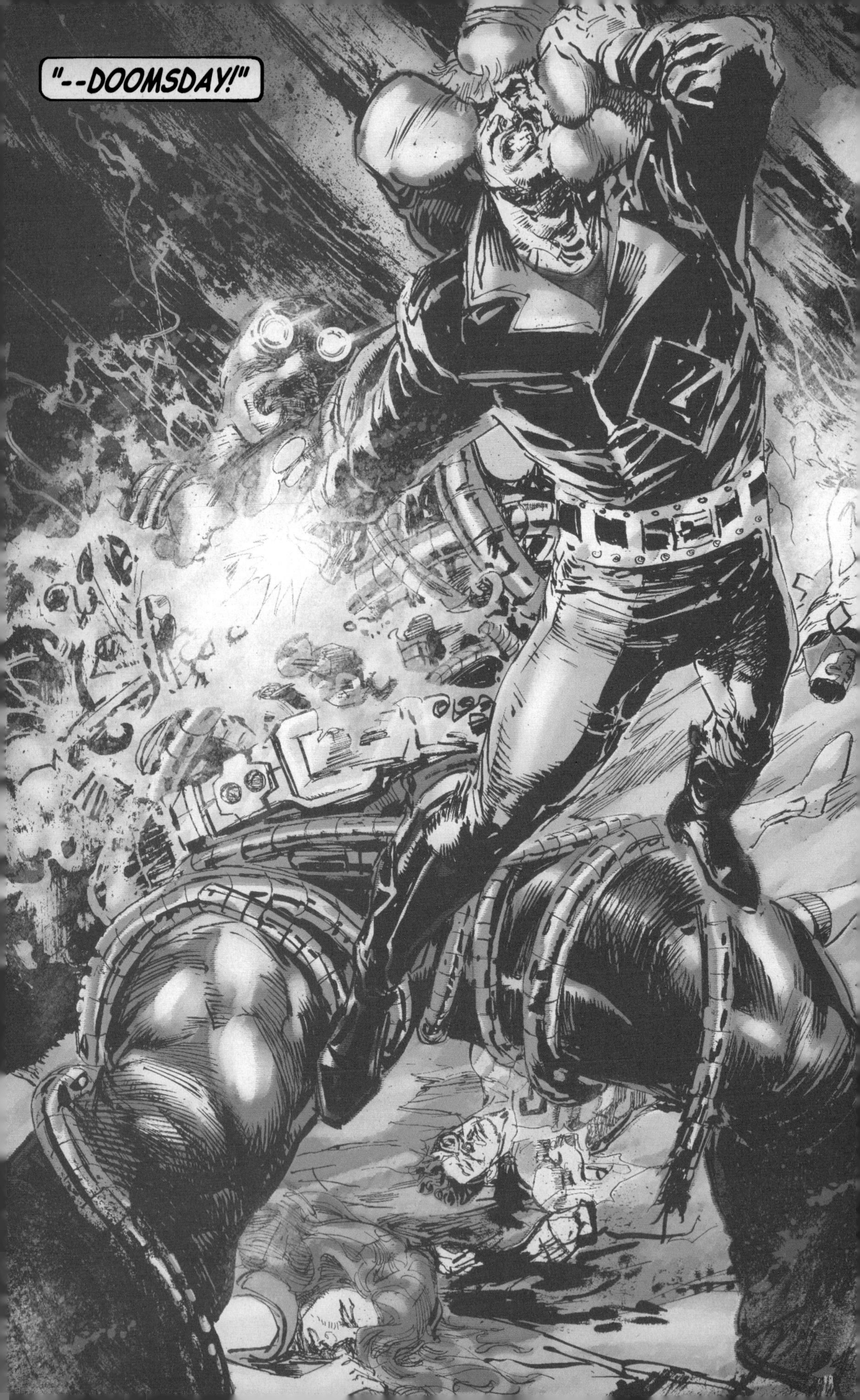
"--DOOMSDAY!"

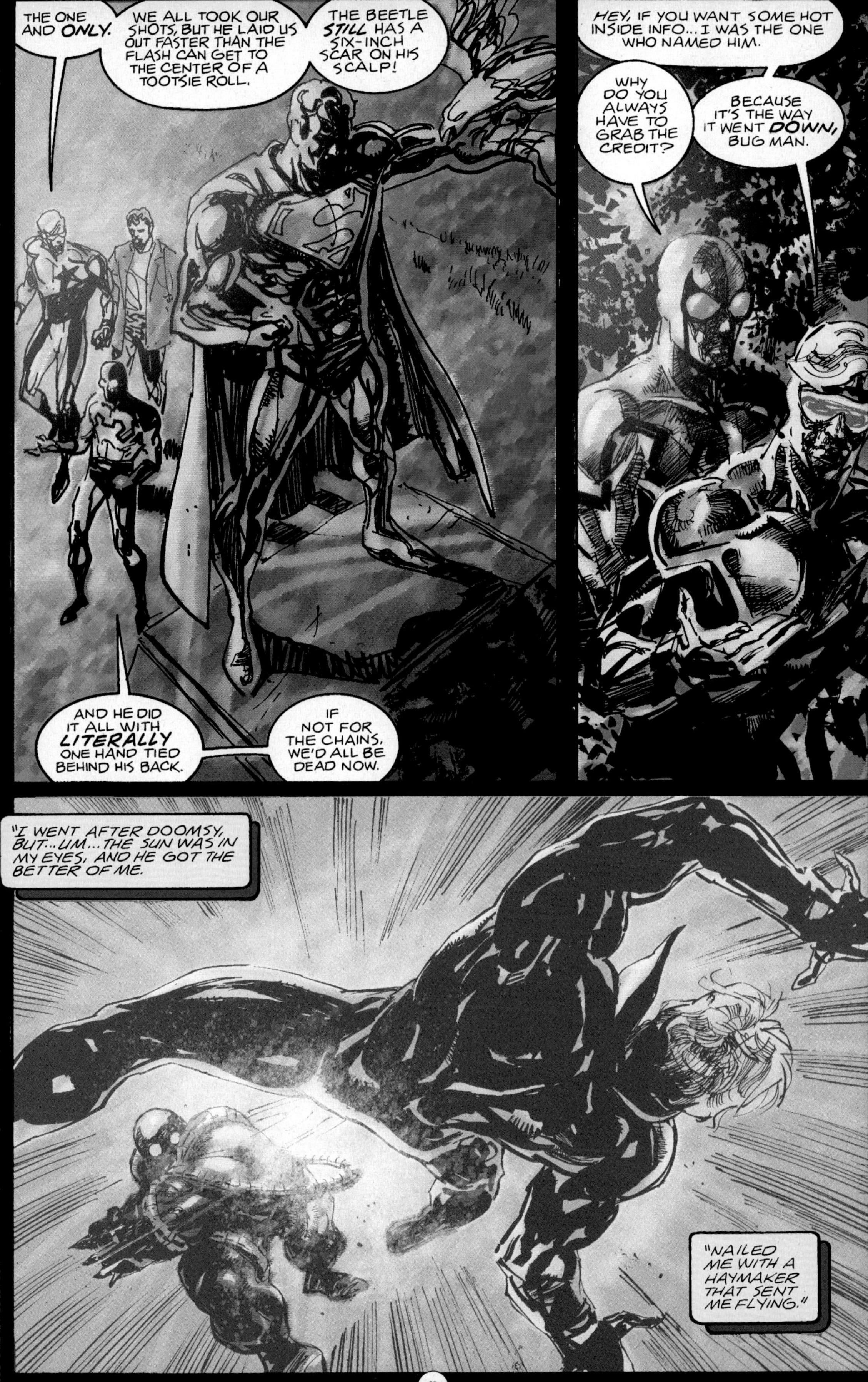
THE ONE AND ONLY.
WE ALL TOOK OUR SHOTS, BUT HE LAID US OUT FASTER THAN THE FLASH CAN GET TO THE CENTER OF A TOOTSIE ROLL.
THE BEETLE STILL HAS A SIX-INCH SCAR ON HIS SCALP!
AND HE DID IT ALL WITH LITERALLY ONE HAND TIED BEHIND HIS BACK.
IF NOT FOR THE CHAINS, WE'D ALL BE DEAD NOW.
HEY, IF YOU WANT SOME HOT INSIDE INFO... I WAS THE ONE WHO NAMED HIM.
WHY DO YOU ALWAYS HAVE TO GRAB THE CREDIT?
BECAUSE IT'S THE WAY IT WENT DOWN, BUG MAN.
"I WENT AFTER DOOMSY, BUT...UM...THE SUN WAS IN MY EYES, AND HE GOT THE BETTER OF ME.
"NAILED ME WITH A HAYMAKER THAT SENT ME FLYING."

"IF NOT FOR MY FORCE-FIELD, MY **SKULL** WOULD'VE BEEN CAVED IN.

"AS IT WAS, I WAS SLAMMED A COUPLE OF HUNDRED YARDS.

"UNTIL..."

TROUBLES?

TROUBLE ISN'T THE WORD, SUPERMAN! I'M TELLING YOU RIGHT NOW--

--IT'S LIKE **DOOMSDAY** IS HERE!

"A COUPLE OF WEEKS LATER, I TRIED TO COPYRIGHT THE NAME TO MAX OUT ON T-SHIRT SALES, BUT A COMIC-BOOK COMPANY BEAT ME TO IT."

IS THERE ANYTHING YOU WON'T DO FOR A BUCK?

OTHER THAN EATING ROCKY MOUNTAIN OYSTERS--**NO**.

IN ANY CASE, WE STILL DIDN'T REALIZE HOW POWERFUL HE WAS.

ALL WE KNEW WAS THAT HE WAS HEADING EAST.

TO METROPOLIS.

WHERE THINGS WERE ABOUT TO GET A WHOLE LOT *WORSE.*

A QUIET METROPOLIS SUBURB.

PRESENT DAY.

BWHOOM

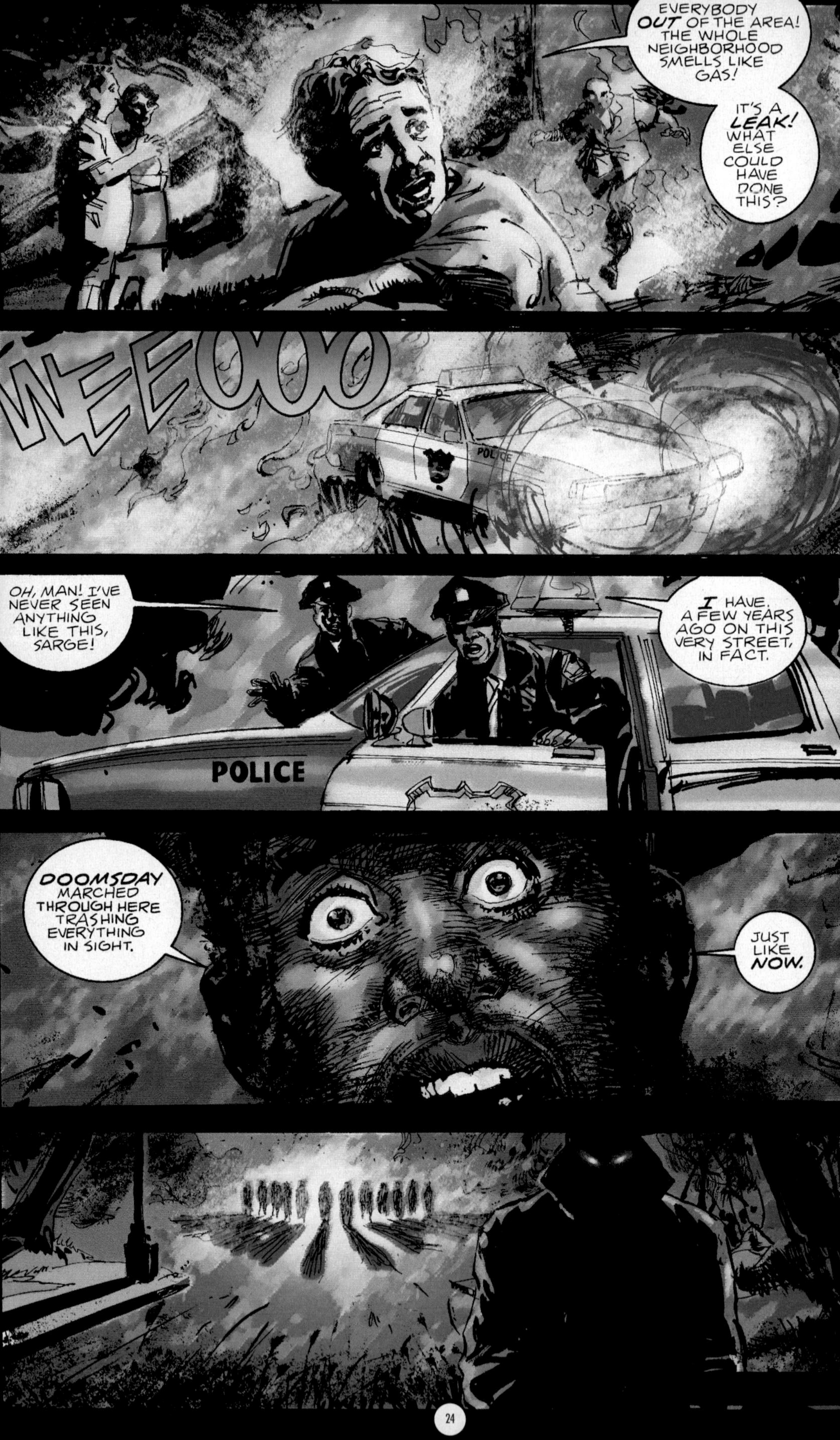

EVERYBODY OUT OF THE AREA! THE WHOLE NEIGHBORHOOD SMELLS LIKE GAS!
IT'S A LEAK! WHAT ELSE COULD HAVE DONE THIS?
WEEOOO
POLICE
OH, MAN! I'VE NEVER SEEN ANYTHING LIKE THIS, SARGE!
I HAVE. A FEW YEARS AGO ON THIS VERY STREET, IN FACT.
POLICE
DOOMSDAY MARCHED THROUGH HERE TRASHING EVERYTHING IN SIGHT.
JUST LIKE NOW.

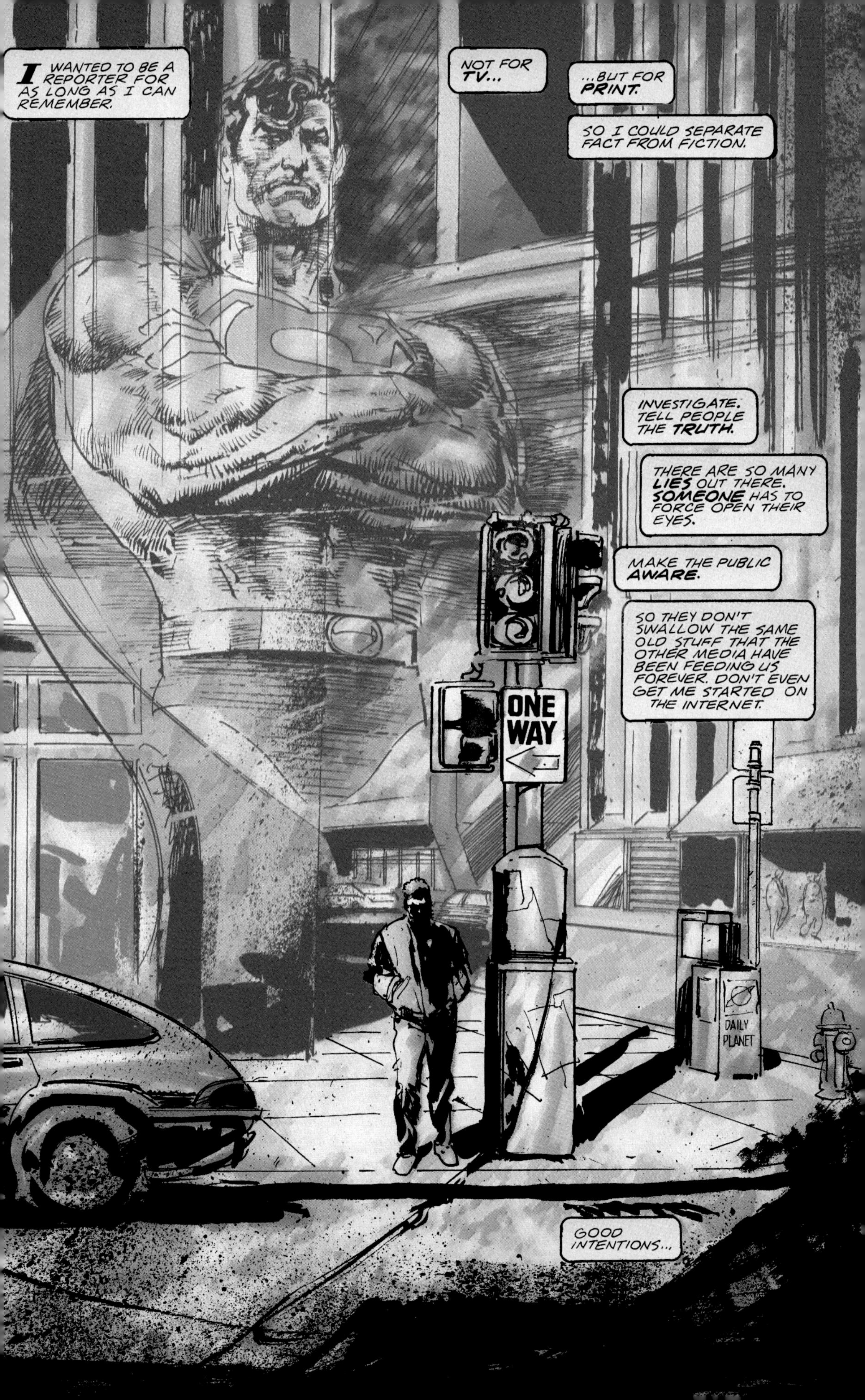
I WANTED TO BE A REPORTER FOR AS LONG AS I CAN REMEMBER.
NOT FOR TV...
...BUT FOR PRINT.
SO I COULD SEPARATE FACT FROM FICTION.
INVESTIGATE. TELL PEOPLE THE TRUTH.
THERE ARE SO MANY LIES OUT THERE. SOMEONE HAS TO FORCE OPEN THEIR EYES.
MAKE THE PUBLIC AWARE.
SO THEY DON'T SWALLOW THE SAME OLD STUFF THAT THE OTHER MEDIA HAVE BEEN FEEDING US FOREVER. DON'T EVEN GET ME STARTED ON THE INTERNET.
ONE WAY
DAILY PLANET
GOOD INTENTIONS...

...AND, YEAH, THE ROAD TO HELL IS PAVED WITH THEM.

DO I GET A CHANCE TO WRITE ABOUT THE WAR AGAINST TERRORISM?

THE FREEDOM TO COVER THE PRESIDENT'S QUESTIONABLE POLICIES?

THE OPPORTUNITY TO PROBE INTO THE CORRUPTION OF BIG BUSINESS?

NO.

MY PERSONAL ROAD TO PERDITION IS SO *WORN*...

IT'S A *TRENCH*.

I GET TO WRITE ABOUT THE DEATH OF A MAN WHO DIDN'T EVEN *DIE*.

SUPERMAN.

DOUBLE LATTE, MILK INSTEAD OF CREAM.

WELL, IF IT ISN'T TY DUFFY. I THOUGHT YOU WERE IN OHIO!

THAT TRAIN WRECK DIDN'T KEEP ME THERE AS LONG AS I EXPECTED, KEV.

MUST BE-- EXCITING...TO LIVE A REPORTER'S LIFE --

--TRAVELING THE WORLD, COVERING IMPORTANT STORIES AND ALL.

HARDLY. UNLESS YOU CONSIDER COVERING FLOWER SHOWS AND SCI-FI CONVENTIONS EXCITING.

NOT THRILLED WITH YOUR CURRENT ASSIGNMENT?

I'M SUPPOSED TO DO A RETROSPECTIVE ON SUPERMAN'S DEATH.

AS A MATTER OF FACT, I HAVE A COUPLE OF GUYS MEETING ME HERE FOR AN INTERVIEW.

PSSST.

MISTER REPORTER.

NEWS FLASH.

THAT SUPERMAN DUDE? HE'S *ALIVE.*

FUNNY, KEVIN.

SEE MY PROBLEM?

YOU'RE A TALENTED GUY, TY. ONE DAY, *YOU'LL* BE THE HEAD HONCHO... KICKIN' YOUR FEET UP... RELAXIN' AT THE E.I.C. DESK.

NICE IMAGE, BUT IN THE MEANTIME, I HAVE TO CREATE A STORY OUT OF... *NOTHING.*

IN FACT, I-- *HEY!*

I HADN'T HEARD!

Mid-Town Special Edition

News Weather Sports

DAILY PLANET

The People's Daily Perveyor of Truth: Mid-Town Edition

$2.00 Per Copy

Natural Gas Explosion Rips Quiet Suburban Neighborhood

CHAPTER TWO:
SUPERMAN'S DEATH

HOW COULD THAT HAPPEN *HERE* IN METROPOLIS?

WITH *HIM* AROUND?

SUPERMAN
Created by
JERRY SIEGEL
and JOE
SHUSTER

DAN JURGENS • Writer/Artist BILL SIENKIEWICZ • Inker
JOHN E. WORKMAN • Letterer HI-FI • Colorist
LYSA HAWKINS • Associate Editor EDDIE BERGANZA • Editor

THAT'S ONE OF THE THINGS I CAN'T FIGURE OUT.

I MEAN... **METROPOLIS** IS THE SINGLE, GREATEST CITY ON **EARTH.**

WE HAVE THINGS THAT OTHER CITIES CAN ONLY **DREAM** OF.

AND THAT'S **BEFORE** YOU FIGURE **SUPERMAN** INTO THE EQUATION.

THE BUMPER STICKER SAYS IT ALL.

STUFF HAPPENS.

IN METROPOLIS MORE THAN ANYWHERE ELSE.

AND DESPITE HIS REP, SUPERMAN CAN'T BE **EVERY-WHERE** AT ONCE.

HOW ELSE COULD HE STAND THE OVER-WHELMING RESPONSI-BILITIES HE CARRIES ON HIS SHOULDERS?

NOW *THAT'S* A STORY TO UNCOVER.

YOU MADE IT, *BARELY.*

J.L.A. MEETING. ANYTIME PLASTIC MAN IS THERE, WE ALWAYS GO INTO *OVER-TIME.*

WHAT DOES HE DO IN HIS FREE TIME?

DOES HE HAVE FUN?

A HOBBY?

UUHUH. WHICH I'LL BE WORKING A *LOT* OF IF I DON'T GET TO WORK.

HELL, HE MIGHT EVEN BE MARRIED.

BE A FAMILY MAN.

IS THERE SOMEONE WHO MAKES HIM *HAPPY*?

C'MON, I'LL MAKE IT ALL BETTER-- AND--

YOU THINK YOU CAN GET OUT OF ANYTHING WITH YOUR *SUPERCHARM,* DON'T YOU?

BREW KREW

YOU TOOK THE *PICTURE*, RIGHT, JIMMY?

ONE OF THE MOST FAMOUS PHOTOS *EVER*.

WHAT A DAY. I REMEMBER IT SO WELL, IT'S LIKE IT HAPPENED *YESTERDAY*.

AND YOU WITNESSED THE *END?*

YEAH.

I *STILL* HAVE NIGHTMARES ABOUT IT. WAKE UP WITH THE COLD SWEATS EVERY TIME.

ALL AFTERNOON, THE NEWS HAD BEEN USING THE EMERGENCY BROADCAST SYSTEM.

DOOMSDAY WAS ON THE MARCH, HEADING RIGHT FOR METROPOLIS.

S.C.U., CADMUS, THE NATIONAL GUARD AND ARMY...EVERYONE HAD TAKEN THEIR SHOT AT STOPPING HIM... AND *FAILED.*

EVEN THE REST OF THE J.L.A. HAD BEEN *TRASHED.*

OUR ONLY HOPE...WAS *SUPERMAN!*

"BY THE TIME THE FIGHT CARRIED TO THE FRONT DOOR OF THE **PLANET**, THERE WAS NO POWER... NO PHONE SERVICE... NO TRAINS TO GET **OUT**.

"THE CITY WAS A **WAR ZONE**.

"SUPERMAN HAD ALREADY SAVED NUMEROUS LIVES...

"...BUT IT LOOKED LIKE HE WASN'T GOING TO BE ABLE TO SAVE HIMSELF.

"THE FORCE OF THEIR BLOWS SHATTERED WINDOWS FROM HERE TO GOTHAM.

"ACROSS THE ENTIRE CITY, BUILDINGS AND HOMES SHIFTED ON THEIR FOUNDATIONS.

"EVERY PUNCH WAS LIKE ONE EXPLOSION AFTER ANOTHER... EACH CREATING MORE DESTRUCTION--

"--UNTIL TWO FINAL, HEART-STOPPING BLOWS--

"--DELIVERED SIMULTANEOUSLY--

"--ENDED IT."

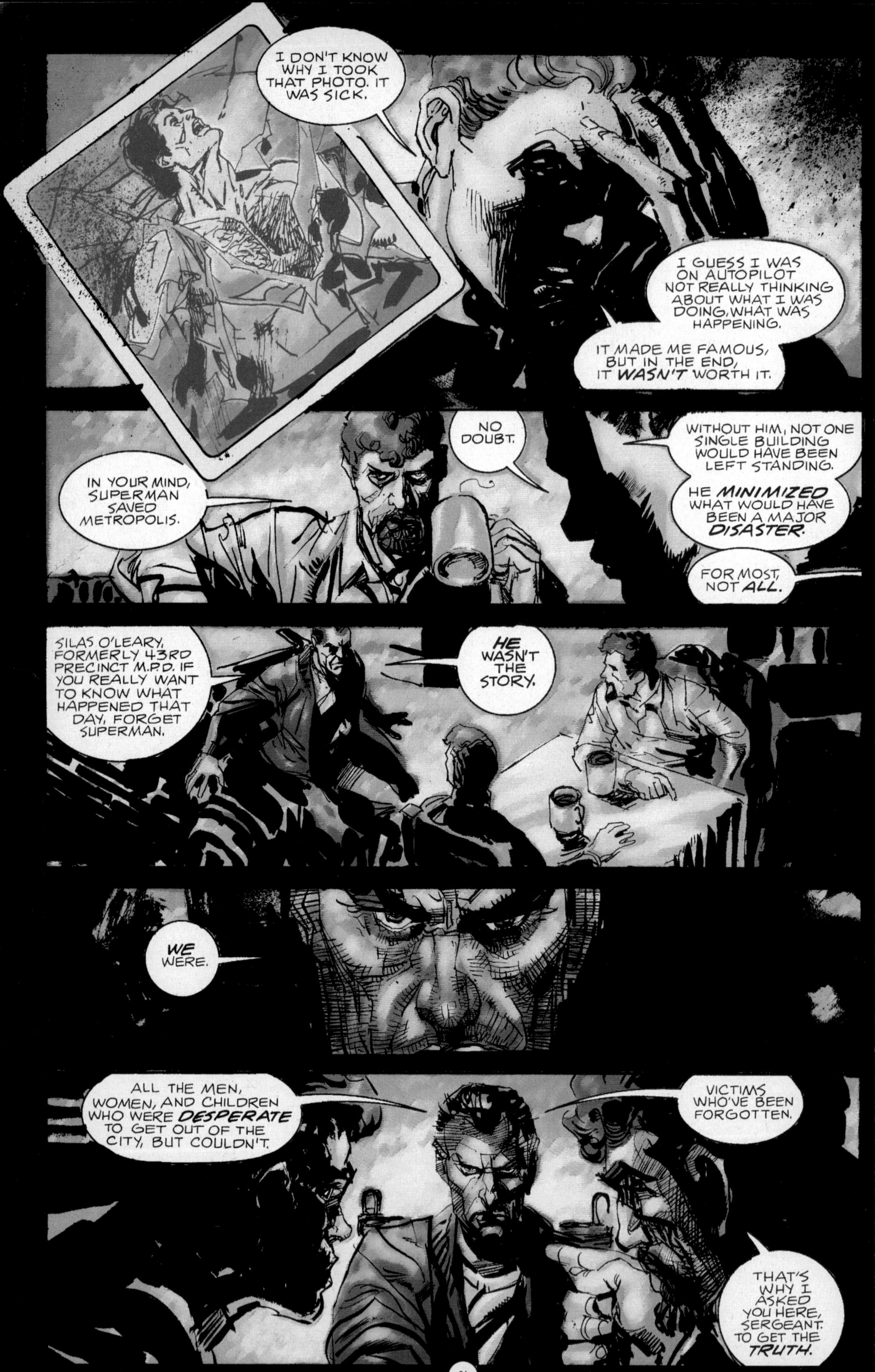
I DON'T KNOW WHY I TOOK THAT PHOTO. IT WAS SICK.
I GUESS I WAS ON AUTOPILOT NOT REALLY THINKING ABOUT WHAT I WAS DOING, WHAT WAS HAPPENING.
IT MADE ME FAMOUS, BUT IN THE END, IT WASN'T WORTH IT.
IN YOUR MIND, SUPERMAN SAVED METROPOLIS.
NO DOUBT.
WITHOUT HIM, NOT ONE SINGLE BUILDING WOULD HAVE BEEN LEFT STANDING.
HE MINIMIZED WHAT WOULD HAVE BEEN A MAJOR DISASTER.
FOR MOST, NOT ALL.
SILAS O'LEARY, FORMERLY 43RD PRECINCT M.P.D. IF YOU REALLY WANT TO KNOW WHAT HAPPENED THAT DAY, FORGET SUPERMAN.
HE WASN'T THE STORY.
WE WERE.
ALL THE MEN, WOMEN, AND CHILDREN WHO WERE DESPERATE TO GET OUT OF THE CITY, BUT COULDN'T.
VICTIMS WHO'VE BEEN FORGOTTEN.
THAT'S WHY I ASKED YOU HERE, SERGEANT. TO GET THE TRUTH.

WHY NOW, DUFFY? NO ONE EVER BOTHERED TO INTERVIEW ME BEFORE.

I WENT TO A HOSPITAL AND GOT A LIST OF PATIENTS ADMITTED THAT DAY. IT WAS *HUGE.*

SO *THAT'S* WHERE YOU GOT MY NAME.

STILL DON'T SEE WHY IT'S WORTH DIGGIN' UP THE PAST, THOUGH.

I SUSPECT WE'LL KNOW WHY, ONCE I HEAR YOUR STORY.

FAIR ENOUGH.

EVER HEAR OF MURPH'S?

BEST IRISH BAR IN TOWN BACK THEN.

THAT'S WHERE IT STARTED.

THE DESTRUCTION.

THE *CARNAGE.*

"WE KNEW THE MONSTER WAS COMIN'.

"PEOPLE WERE EITHER SCRAMBLING FOR SHELTER OR TRYING TO GET TO BUSES THAT HAD BEEN LINED UP TO EVACUATE THE CITY.

"IT WAS CHAOS.

"I WASN'T TOO WORRIED, THOUGH. FIGURED FOR SURE THE MONSTER WOULD LAND SOMEWHERE ELSE."

KEEP IN LINE, PEOPLE! WE'LL NEED YOUR COOPERATION IF WE'RE GOING TO GET YOU OUT OF HARM'S WAY!

MURPH'S

BAKER ST

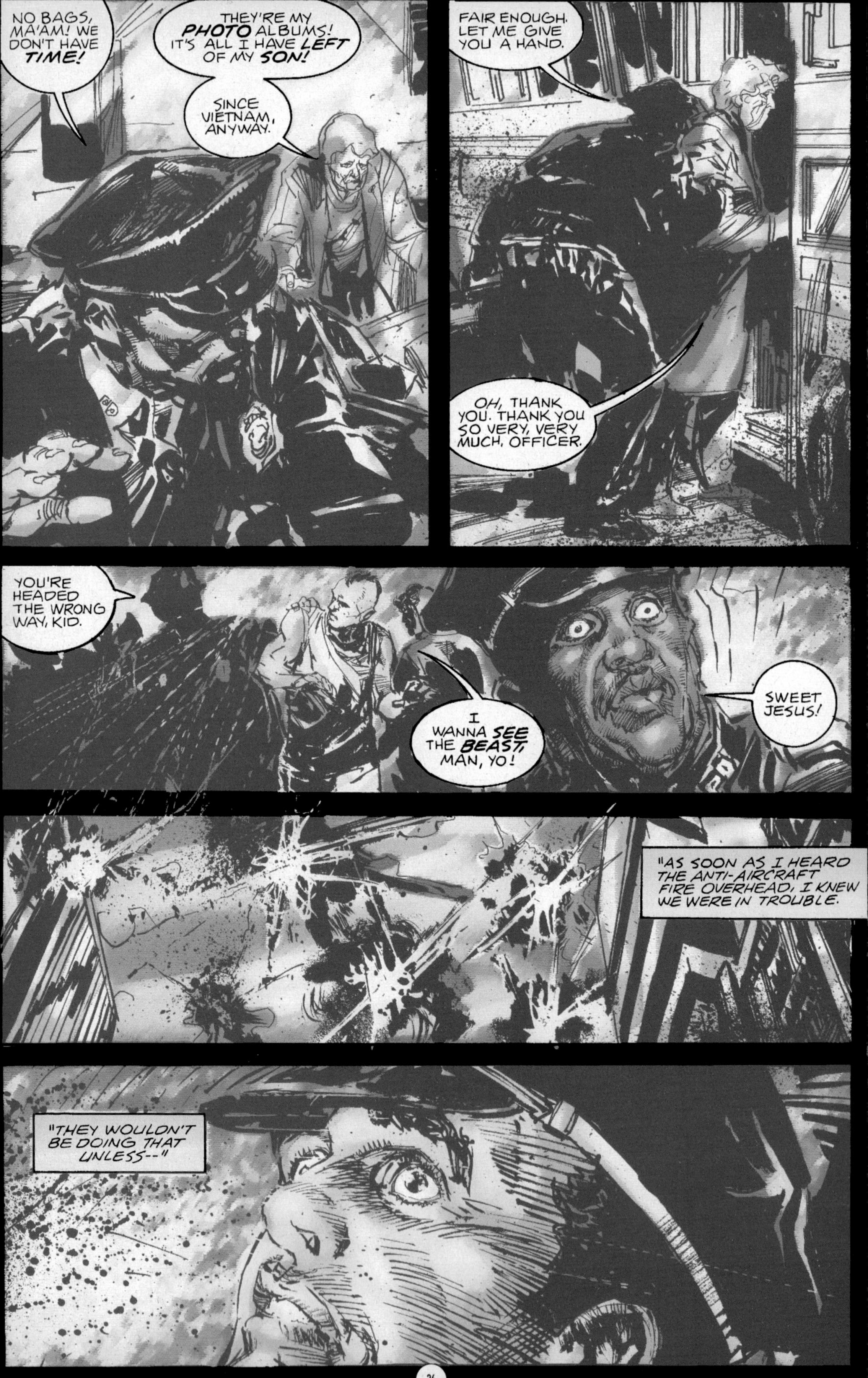
NO BAGS, MA'AM! WE DON'T HAVE TIME!
THEY'RE MY PHOTO ALBUMS! IT'S ALL I HAVE LEFT OF MY SON!
SINCE VIETNAM, ANYWAY.
FAIR ENOUGH. LET ME GIVE YOU A HAND.
OH, THANK YOU. THANK YOU SO VERY, VERY MUCH, OFFICER.
YOU'RE HEADED THE WRONG WAY, KID.
I WANNA SEE THE BEAST, MAN, YO!
SWEET JESUS!
"AS SOON AS I HEARD THE ANTI-AIRCRAFT FIRE OVERHEAD, I KNEW WE WERE IN TROUBLE.
"THEY WOULDN'T BE DOING THAT UNLESS--"

"--TROUBLE WAS COMIN'.

"DOOMSDAY CAME DOWN RIGHT IN THE MIDDLE OF MURPH'S.

"WHEN HE HIT, THE ROAR WAS DEAFENING.

"IT WAS LIKE A **BOMB** HAD GONE OFF."

EIGHTY-THREE PEOPLE DIED WHEN DOOMSDAY SLAMMED INTO MURPH'S. THOSE WERE THE LUCKY ONES.

I TOOK A TWO-BY-FOUR RIGHT IN THE BACK.

SHATTERED A COUPLE OF VERTEBRAE AND SEVERED SOME NERVE ENDINGS.

UNFORTUNATELY, I STAYED CONSCIOUS...

I GOT TO SEE WHAT HAPPENED NEXT...

...THAT MONSTER DOOMSDAY WALKED RIGHT ACROSS THE WOUNDED.

HE CRUSHED 'EM.

STEPPED ON THEIR HEADS WHENEVER POSSIBLE.

HE LIFTED UP TWO OF THE BUSES AND SHOOK OUT ALL THE PEOPLE WHO'D GOTTEN ON.

A FEW WERE ABLE TO GET UP AND RUN AWAY. BUT NOT ALL.

DOOMSDAY USED THOSE BONES OF HIS TO GUT MOST OF 'EM.

THE OLD WOMAN'S PHOTOS LANDED NEAR ME.

I SAW HIM RIP THROUGH ONE GUY'S BELLY AND PULL HIS SPINE CLEAN THROUGH. I WANTED TO CLOSE MY EYES, BUT THE SCREAMS...

...LORD, WHEN HE WAS DONE...312 PEOPLE HAD BEEN KILLED.

BUT HE WASN'T DONE. HE THREW ANOTHER BUS FULL OF PEOPLE INTO A *TANK,* SETTING OFF ALL THE AMMUNITION ON BOARD.

NOW, HOW DOES ALL THAT SQUARE WITH SUPERMAN'S DEATH?

AT THAT POINT, HE'D BEEN ON METROPOLIS SOIL FOR LESS THAN A *MINUTE.* AND I'VE RELIVED THOSE SECONDS OVER AND OVER EVER SINCE.

IT TELLS ME WHAT THE *REAL* STORY IS.

MEANING?

MEANING THIS SHOULD BE ABOUT PEOPLE WHO DIED AND *DIDN'T* COME BACK--

--AS OPPOSED TO THE ONE WHO *DID.*

WELCOME TO THE CARLINI MENTAL REHABILITATION CENTER, MISTER DUFFY.

OUR GUEST IS ALREADY WAITING TO SEE YOU.

MISTER LOOMIS?

CALL ME UNCLE OSWALD, SON. *EVERYONE* DOES!

OH.

NO *COMMENT.*

I'M CURIOUS ABOUT YOUR REACTION WHEN YOU HEARD DOOMSDAY HAD KILLED HIM.

I SUPPOSE YOU WANT TO INTERVIEW ME ABOUT MY OLD TV SHOW!

IT WAS THE *HIGHEST-* RATED KIDDIE SHOW IN METROPOLIS.

IT STILL WOULD BE, IF MORGAN EDGE HADN'T BOUNCED IT IN FAVOR OF THAT BART SAMPSON AND KREEPY THE CLOWN!

OH, *WELL!* WHY DIDN'T YOU *SAY* SO?

WHY, IT WAS A *HOLIDAY* FOR ME!

A REASON TO *CELEBRATE!*

REALLY.

TELL ME MORE.

ACTUALLY, MR. LOOMIS, I'D LIKE TO ASK YOU ABOUT *SUPERMAN.*

YOU MUST REALIZE, DEAR BOY, THAT JUST AS ANY PLACE OF BUSINESS HAS A HIERARCHY--

SINCE THE DAY WHEN SUPERMAN ARRIVED, IT'S BEEN ACKNOWLEDGED THAT THE MAN WHO EVENTUALLY **KILLED** HIM--

--WOULD BE AWARDED THE STATUS OF A **KING**.

--SO, TOO, DOES THE UNDER-WORLD.

"THUS DO I REMEMBER THE DAY OF HIS DEATH..., LONG BEFORE THOUSANDS OF DOLLARS' WORTH OF PLASTIC SURGERY, DENTAL WORK, AND DIET CLINICS.

"WHEN I FIRST HEARD THE NEWS, I WONDERED... **WHO** COULD POSSIBLY HAVE DONE THE DEED?

"PARASITE? SLEEZ? THE SILVER BANSHEE?

"IMAGINE MY SURPRISE WHEN I SAW IT WAS THIS SO-CALLED DOOMSDAY.

"SOME **THING** THAT NO ONE HAD EVER **HEARD** OF BEFORE.

"A CREATURE OF MYSTERY WITHOUT A PAST.

"A JOKE...

"...**WITHOUT** A PUNCH LINE.

"AH, BUT I SAW THE **PERFECT** GAG FOR THIS SETUP."

"THE STREETS WERE DESERTED THAT NIGHT.

"NO ONE VENTURED OUT, SAVE THOSE WHO WISHED TO CELEBRATE.

"THERE ARE PLACES IN METROPOLIS THAT AFFORD PEOPLE LIKE ME THE OPPORTUNITY.

666

"PLACES WHERE THE LAW NEVER TREADS.

"THE PARTY WAS ON. MY AUDIENCE AWAITED.

"IT WAS THE PERFECT VENUE FOR MY ANNOUNCEMENT."

LADEEEEZ AND GENTLEMEN! HEAR YE! HEAR YE!

BY NOW, YOU KNOW FULL WELL THAT SUPERMAN WAS KILLED BY THE MONSTER DOOMSDAY!

BUT BRACE YOURSELVES FOR THE *TRUTH*...FOR I AM THE CREATOR OF THE MURDEROUS BEHEMOTH!

I BUILT THIS TOY FROM THE INDESTRUCTABLE MATERIAL I INVENTED CALLED SONACULOUS ONE!

I ENLARGED IT AND EQUIPPED IT TO FOLLOW MY TELE-PATHIC COMMANDS!

APPLAUD, CHEER, THROW MONEY, MY FRIENDS...

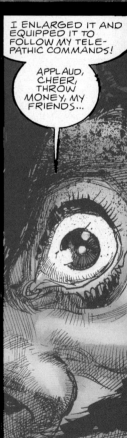

...FOR IT WAS THE *PRANKSTER* WHO *KILLED* SUPERMAN!

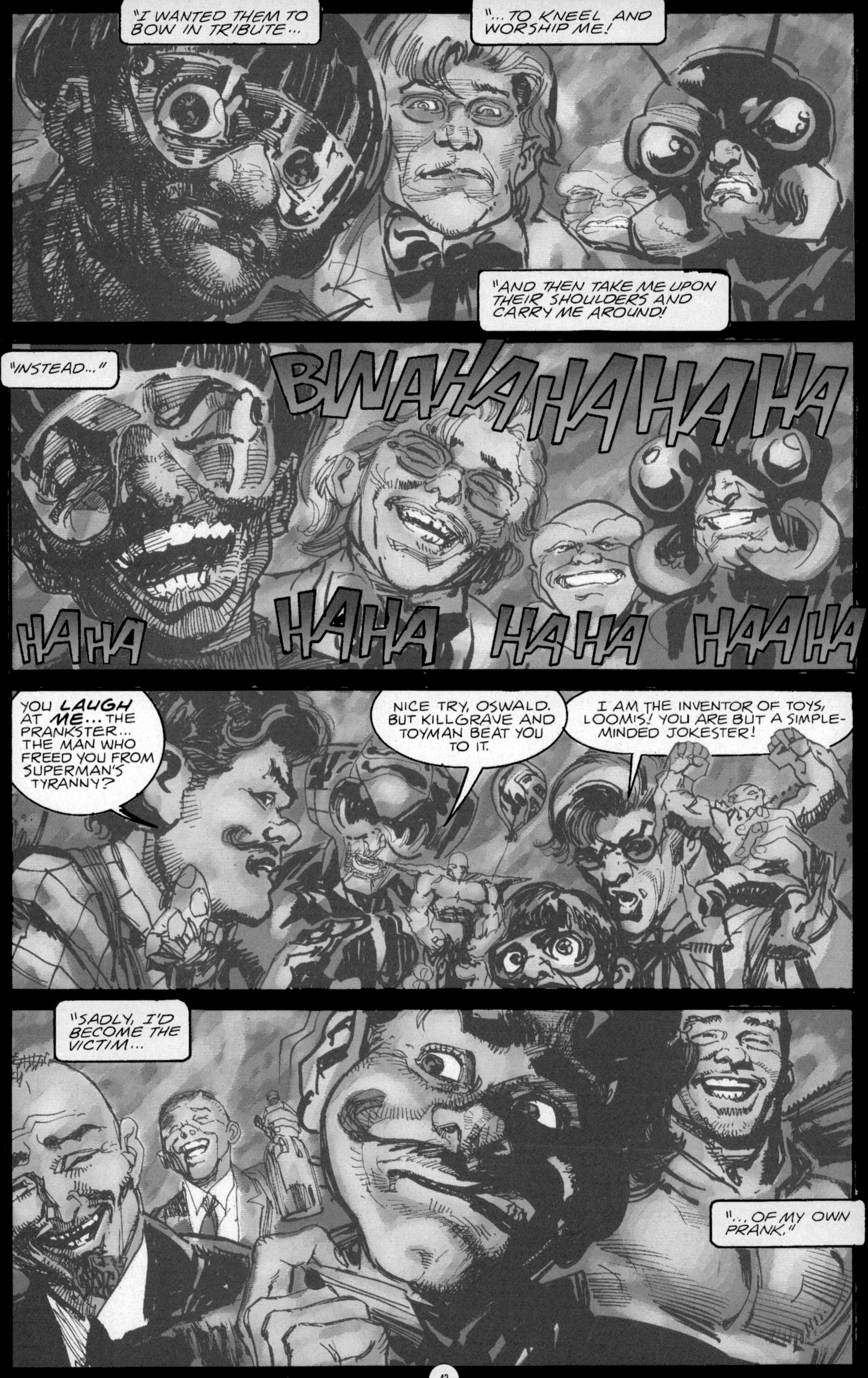
"I WANTED THEM TO BOW IN TRIBUTE...
"...TO KNEEL AND WORSHIP ME!
"AND THEN TAKE ME UPON THEIR SHOULDERS AND CARRY ME AROUND!
"INSTEAD..."
BWAHAHAHAHAHAHA
HAHA
HAHA
HAHA
HAAHA
YOU LAUGH AT ME... THE PRANKSTER... THE MAN WHO FREED YOU FROM SUPERMAN'S TYRANNY?
NICE TRY, OSWALD. BUT KILLGRAVE AND TOYMAN BEAT YOU TO IT.
I AM THE INVENTOR OF TOYS, LOOMIS! YOU ARE BUT A SIMPLE-MINDED JOKESTER!
"SADLY, I'D BECOME THE VICTIM...
"...OF MY OWN PRANK."

...BUT THE JOKE WASN'T JUST ON ME. OH, NO...

...ALL THE TRAUMA, THE OUTPOURING OF GRIEF AND TEARS...IT WAS ALL *WORTH-LESS!*

THE GREATEST, GRANDEST PRANK OF ALL TIME!

SUPERMAN DIDN'T *DIE!*

THE WORLD GOT ITS UNDERWEAR IN A BALL FOR *NOTHING!*

NOTHING?

THAT'S WHERE YOU'RE WRONG, LOOMIS.

THAT'S WHERE YOU'RE *VERY* WRONG.

A MOMENT OF YOUR TIME, CAPTAIN?

SUPERMAN!? WHAT ARE YOU DOIN' OUT HERE?

...WHAT CAN YOU TELL ME ABOUT THE CAUSE?

LAST NIGHT'S EXPLOSION...

LOOKS LIKE AN IMPROPER FITTING IN THE MAIN LINE GAVE WAY AND LEAKED GAS UNTIL THE WHOLE NEIGHBORHOOD BLEW.

SO IT WAS AN ACCIDENT?

IMPOSSIBLE TO TELL, BUT I CAN'T IMAGINE ANYONE WOULD DO THIS ON PURPOSE.

I MEAN, THIS NEIGHBORHOOD HAS BEEN THROUGH SO MUCH. IT'S BEEN REBUILDING.

THIS IS THE SECOND TIME WE'VE MET, YOU KNOW. THE FIRST TIME WAS BACK WHEN DOOMSDAY PLOWED THROUGH HERE.

NOW THAT I THINK OF IT, IT WAS RIGHT ON THIS VERY STREET!

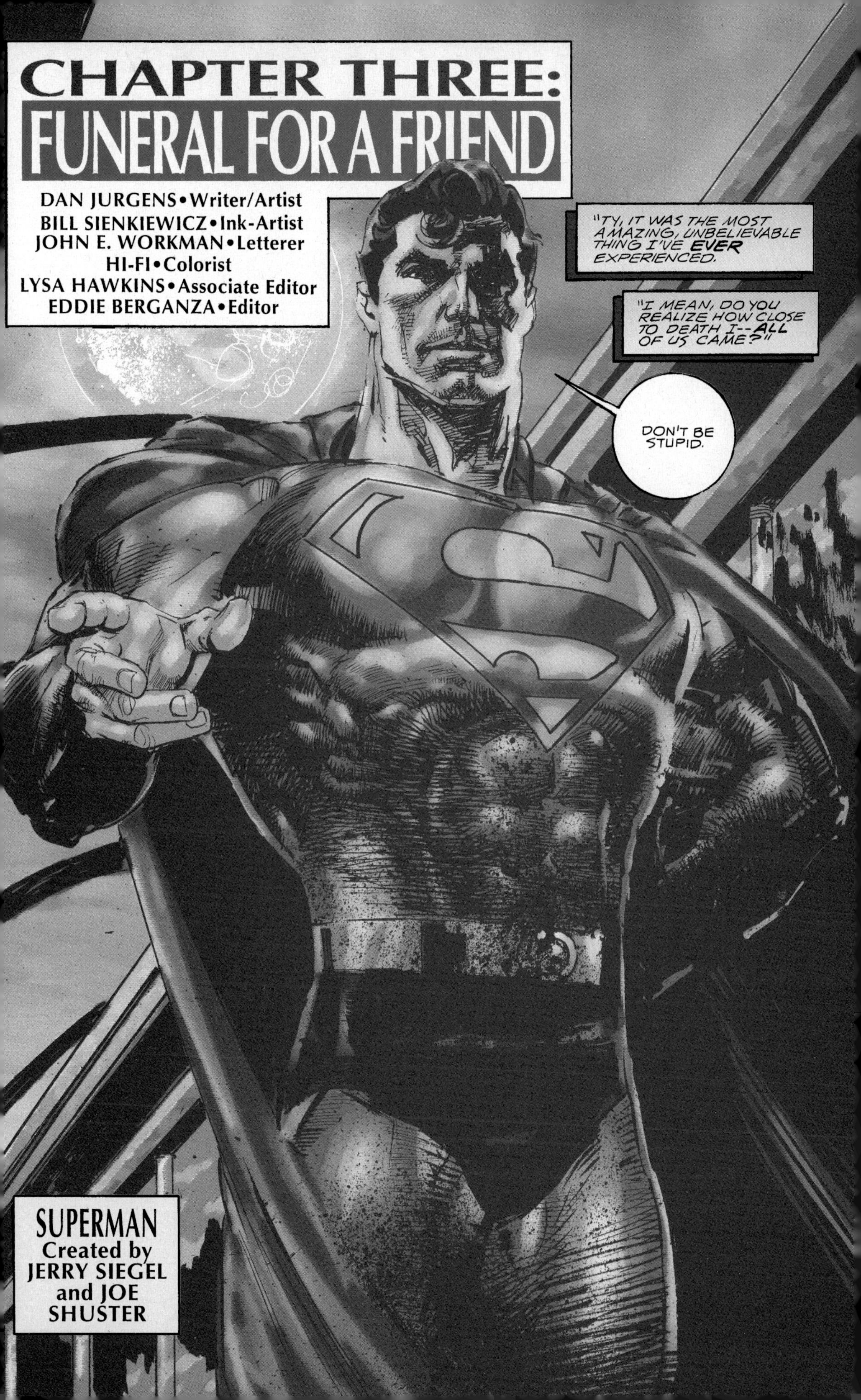
CHAPTER THREE:
FUNERAL FOR A FRIEND
DAN JURGENS • Writer/Artist
BILL SIENKIEWICZ • Ink-Artist
JOHN E. WORKMAN • Letterer
HI-FI • Colorist
LYSA HAWKINS • Associate Editor
EDDIE BERGANZA • Editor
"TY, IT WAS THE MOST AMAZING, UNBELIEVABLE THING I'VE EVER EXPERIENCED.
"I MEAN, DO YOU REALIZE HOW CLOSE TO DEATH I--ALL OF US CAME?"
DON'T BE STUPID.
SUPERMAN Created by JERRY SIEGEL and JOE SHUSTER

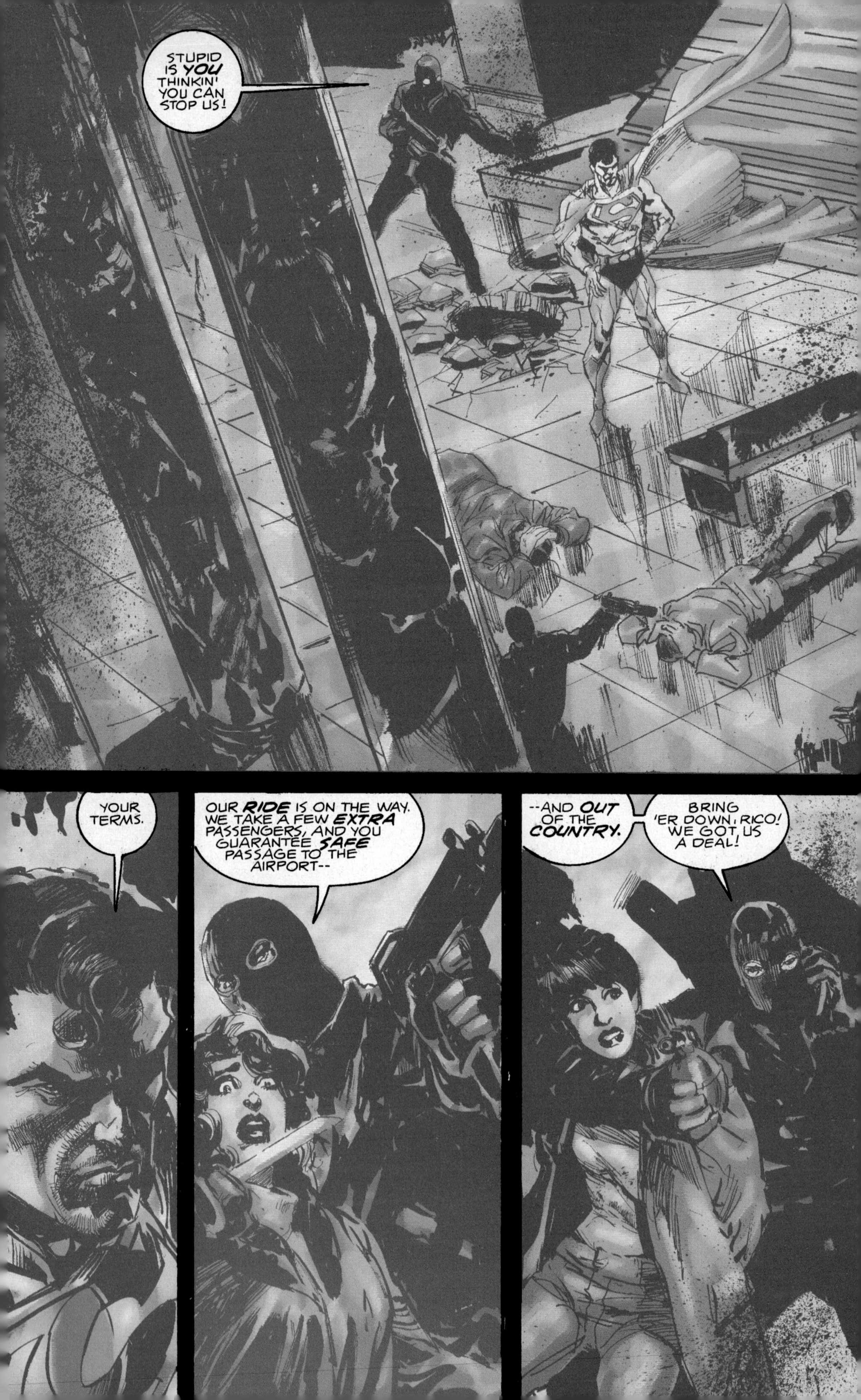
STUPID IS YOU THINKIN' YOU CAN STOP US!
YOUR TERMS.
OUR RIDE IS ON THE WAY. WE TAKE A FEW EXTRA PASSENGERS, AND YOU GUARANTEE SAFE PASSAGE TO THE AIRPORT--
--AND OUT OF THE COUNTRY.
BRING 'ER DOWN, RICO! WE GOT US A DEAL!

YEAH. WE KNOW. YOUR BIG *REP*...THAT YOU'RE FAST AND GOT THAT "*LASER*" VISION.

MIGHT GET TWO... MAYBE EVEN *THREE* OF US.

BUT YOU AIN'T GONNA GET US ALL.

NOT 'FORE WE INFLICT SERIOUS, *LETHAL* DAMAGE. ALL BECAUSE *YOU'RE* TOO STUPID TO TURN AROUND AND WALK *OUT!*

"SUPERMAN SEEMED CONFIDENT AND COOL AS COULD BE, BUT I WAS *TERRIFIED!* I HAD *NO IDEA* WHAT THE OUTCOME WOULD BE!"

GET TO THE ROOF AND KEEP YOUR EYES PEELED FOR TROUBLE!

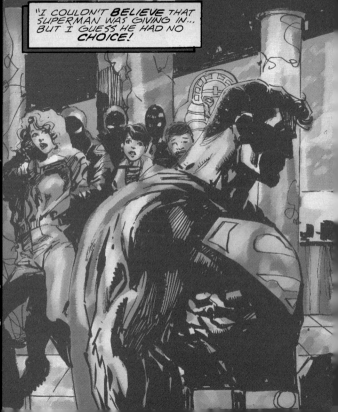

"I COULDN'T *BELIEVE* THAT SUPERMAN WAS GIVING IN... BUT I GUESS HE HAD NO *CHOICE!*"

"THEY MARCHED US UP TO THE ROOF.

"I'M *AFRAID* OF FLYING AS IT IS! BUT WITH A GUN POINTED AT MY HEAD--?

"I THOUGHT I WAS GOING TO WET MY PANTS!"

FLY, RICO! *FLY!*

RICO?

SORRY, AMIGO. RICO PUNCHED OUT EARLY.

SEEMS HE SUDDENLY DECIDED TO SPEND THE REST OF THE NIGHT HANGING UPSIDE DOWN FROM A FLAG POLE.

SUPERBOY!

YOU WERE EXPECTING JENNIFER LOPEZ? ALLOW ME TO REMIND YOU THAT YOUR CARRY-ONS *MUST* BE STOWED AWAY!

NNG!

"SUPERBOY *AND* SUPERMAN! I COULDN'T DECIDE WHICH WAS HOTTER!"

EVERYONE'S SAFE?

THE LADIES HERE ARE FIIIINE.

THE OTHERS.

LEAVE THEM TO ME.

"YOU KNOW SUPERMAN'S HEAT VISION--IT CAN MELT ANYTHING!"

NICE WORK, BOSS. WANNA MAKE THIS BATMAN AND ROBIN ROUTINE A REGULAR DEAL?

SUPERBOY AND SUPERMAN TOGETHER!

THE HONEYS OF METROPOLIS WILL FREAK!

UM... AND YOU GET TOP BILLING?

GEEZ, A GUY COMES BACK FROM THE DEAD, AND HE EXPECTS THE WORLD TO ROLL OVER FOR HIM FOR ETERNITY!

SEE YA, SUPER DUDE!

"ALL-IN-ALL, TY... IT'S A NIGHT I WILL NEVER FORGET!"

SOUNDS TO ME LIKE SUPERMAN'S ACTIONS WERE *RECKLESS* AND *DANGEROUS.*

HIS BEING THERE MIGHT HAVE MADE THINGS *WORSE,* LYDIA!

ALL I KNOW IS THAT EVERYONE SURVIVED, THE BAD GUYS ARE LOCKED UP, AND I'M *ALIVE* AND *WELL.*

WHERE'S THE *DOWN-SIDE?*

NEXT THING YOU KNOW, YOU'LL BE TRASHING MOTHERHOOD, APPLE PIE, AND THE FLAG!

THAT'S *NOT* WHAT I MEANT! I--!

TROUBLES, TY?

FOOT-IN-MOUTH DISEASE, PERRY.

WELL? WHAT DID YOU THINK OF MY STORY?

I'LL LET YOU KNOW AS SOON AS I READ THE *REST.*

BUT I GAVE YOU THE *WHOLE* ARTICLE, DIDN'T I?

YOUR STORY COVERS SUPERMAN'S DEATH WELL ENOUGH, BUT WHERE'S THE REST?

WHAT ABOUT HIS FUNERAL, TY? IT WAS INCREDIBLE... THE TYPE OF THING NORMALLY RESERVED FOR ONLY THE MOST CELEBRATED HEADS OF STATE.

"I think *every* single person in Metropolis turned out that day.

"People were lined scores-deep along the funeral route.

"The entire J.L.A. came and, in a very private moment for them, away from the crowds, the world's greatest heroes carried Superman to his final resting place.

"Later, the President himself delivered an incredibly moving eulogy."

IN SHORT, THIS CITY WAS PARALYZED FOR *DAYS*.

SUPERMAN MADE METROPOLIS SYNONYMOUS WITH VITALITY AND LIFE.

SUDDENLY WE WERE SYNONYMOUS WITH *DEATH*.

FOR YEARS, PEOPLE HAD COME FROM ALL OVER THE WORLD JUST TO CATCH A GLIMPSE OF SUPERMAN.

HE WAS OUR IDENTITY, THE EMBODIMENT OF OUR HIGHEST IDEALS.

GOTCHA, PERRY. AND THERE'D BE A STORY OF THE CITY'S REACTION TO HIS DEATH--

--IF HE'D ACTUALLY *DIED*!

WE DIDN'T *KNOW* THEN THAT HE'D COME BACK.

ANY RETROSPECTIVE ON SUPERMAN'S DEATH *SHOULD* INCLUDE A LOOK AT THE CITY'S REACTION.

I'M SURE IT WAS A SUGARCOATED HALLMARK MOMENT FOR EVERYONE.

THAT'S *EASY* WHEN SOMEONE COMES BACK FROM THE *DEAD*.

A HELLUVA LOT OF PEOPLE *SUFFERED* BECAUSE OF SUPERMAN'S PRESENCE!

THEIR GRIEF ENDURES ...UNLIKE THE UNNECESSARY TEARS SPILLED FOR THE MAN OF STEEL!

STEELWORKS...

LET ME GET THIS STRAIGHT.

YOU WANT TO SEE A MAP MARKED UP WITH THE PATH DOOMSDAY TOOK ON HIS RAMPAGE TOWARD METROPOLIS FROM BACK WHEN YOU...

YES, WITH THE LOCATIONS OF MOST DAMAGE AND LOSS OF LIFE HIGHLIGHTED.

OKAY, GIVE ME A MINUTE. WHAT'RE YOU LOOKING FOR, SPECIFICALLY?

WE'LL SEE IN A MOMENT.

OVERLAP SOME OF THE RECENT ACCIDENTS IN THE NEWS FROM THE AREA.

THERE WAS THE TRAIN WRECK IN OHIO, THE GAS EXPLOSIONS IN THE SUBURBS, THE SEVENTEEN-CAR PILE-UP ON THE INTERSTATE...

I GET THE IDEA. HOLD ON.

JUST ABOUT DONE. I... HMM.

I KNEW IT.

THE PATHS ARE IDENTICAL.

DOOMSDAY HAS A COPYCAT.

HEY, TY! HERE TO CELEBRATE THE FACT THAT YOU FINISHED THAT BIG STORY?

BREW... HA...

WISH I COULD, KYLE.

UNFORTUNATELY, MY OGRE OF AN EDITOR DECIDED HE WANTED *MORE* DETAIL.

AS A RESULT, I STILL HAVE MORE INTERVIEWS TO CONDUCT.

YOU WANTED TO BE A BIG-TIME REPORTER FOR THE GREAT METROPOLITAN NEWSPAPER...

JUST GIVE ME THE LATTE, SMART-MOUTH.

MISTER DUFFY, I PRESUME?

FATHER NATHAN, THANKS FOR MEETING ME HERE FOR THE INTERVIEW.

MY PLEASURE, ALTHOUGH I CAN'T IMAGINE HOW I MIGHT ADD PERSPECTIVE TO SUPERMAN'S DEATH.

I UNDERSTAND THAT YOU LIVED IN CALIFORNIA AT THE TIME.

YOU SEE, IT'S YOUR CONNECTION TO *COAST CITY* THAT I'D LIKE TO EXPLORE FIRST.

OH...

...GOD... IT WAS A *DISASTER* BEYOND DESCRIPTION.

SUPERMAN'S ROLE IN ALL THIS WAS THAT, EVEN ON THE WEST COAST...

...PEOPLE WERE *MOURNING* THE LOSS OF EARTH'S GREATEST CHAMPION.

"INTERESTINGLY ENOUGH, Y'KNOW, THERE HAD ALWAYS BEEN SPECULATION IN SOME QUARTERS THAT SUPERMAN WASN'T *REALLY* DEAD.

"THAT HE WAS FAKING IT.

"THAT HE'D COME BACK SOMEHOW...

"...PERHAPS AS A CLONE...

"...MORE IMPROVED VERSION...

"...ROBOT...

"...OR SOMETHING TOTALLY... *UNEXPECTED.*

"SUCH SPECULATION WAS USUALLY REGARDED AS THE TALK OF *CRACKPOTS.*

"BUT WHEN ALL THOSE RUMORS CAME TRUE AS FOUR MEN APPEARED, EACH CLAIMING TO BE SUPERMAN...

"...THE WORLD WAS *MAD* WITH CURIOSITY.

"THE TRUE DISASTER CAME WHEN A *SHIP* ARRIVED FROM THE HEAVENS...

"...BRINGING HELL TO EARTH AS ONE OF THE FOUR SUPERMEN IGNITED THE HOLOCAUST TO FOLLOW."

"IN A SINGLE INSTANT, AN ENTIRE CITY OF SEVEN MILLION PEOPLE DIED.

"EVEN NOW, I CANNOT COMPREHEND THE TRUE MAGNITUDE OF THAT LOSS.

"ALL THOSE PEOPLE...THE CHILDREN WHO'LL NEVER BE BORN...THE IMPACT ON THE REST OF THE WORLD...

I DON'T HAVE THE WORDS TO DESCRIBE THE MEANING OF IT ALL.

THE MERE THOUGHT OF IT OVERWHELMS ME.

I HAD FRIENDS... A COUSIN WHO DIED THERE.

I HOPE IT WAS QUICK FOR THEM...

...PAINLESS.

A FEW DAYS AFTER IT HAPPENED, I WENT TO THE AREA TO HELP, ONLY TO WITNESS A SCENE THAT STILL GIVES ME NIGHTMARES.

"TRUE, COAST CITY WAS VAPORIZED.

"BUT THE HEAT AND RADIATION FROM THE BLAST LEFT PEOPLE SUFFERING LONG, SLOW DEATHS MILES AND MILES AWAY.

"MY SKILLS WERE LIMITED, BUT I DID WHAT I COULD.

"THE HEALTH CARE PROFESSIONALS WHO CAME FROM ALL OVER THE WORLD WORKED TIRELESSLY...

"...BUT COULD ONLY SAVE A PRECIOUS FEW.

"SOON, THEY PAID THE PRICE FOR EXPOSING THEMSELVES TO THE RADIATION.

"...AND MEDICAL ASSISTANCE I HOPED TO GIVE VANISHED...

"...AS I WORKED NIGHT AND DAY, ADMINISTERING LAST RITES TO THE DYING."

THOSE DAYS, THE RESULT OF THE MOST HEINOUS ACT OF EVIL IMAGINABLE ARE FOREVER SEARED IN MY MEMORY.

AS IS SUPERMAN'S DEATH, FOR THAT MATTER.

HOW SO?

MISTER DUFFY... MY LIFE IS DEDICATED TO SPREADING THE WORD OF A MAN WHO DIED AND RETURNED TO LIFE.

DOES SUPERMAN'S SIMILAR EXPERIENCE NOT COMPLICATE THAT MESSAGE?

BRRRT

DUFFY.

TY, IT'S PERRY WHITE!

WE JUST GOT WORD THAT A LOCAL WATERING HOLE CALLED **SON OF MURPHY'S** SUFFERED A MASSIVE EXPLOSION!

I WANT YOU TO GET OVER THERE. **NOW!**

YOU'RE PULLING ME OFF THE SUPERMAN RETROSPECTIVE?

NOT AT ALL! PLACES ARE BEING DESTROYED ON A PATH THAT'S IDENTICAL TO THE PATTERN OF DESTRUCTION ESTABLISHED BY DOOMSDAY.

THAT AND SUPERMAN'S DEATH COULD BE RELATED.

NEED A HAND?

MORE THAN YOU COULD IMAGINE, SUPERMAN!

SOMETHING'S WRONG WITH THE WATER LINES! WE'VE GOT *ZILCH* FOR WATER PRESSURE!

IF NOT FOR OUR TANKERS, WE'D BE TOTALLY HELPLESS!

I'LL TAKE CARE OF IT.

CLEAR THE AREA.

PERFECT.

THERE'S NO DENYING THE SPECTACLE OF IT ALL.

THE MAJESTY.

WHENEVER I SEE SOMEONE FLY, I CAN'T HELP BUT FEEL DIMINISHED.

IT MAKES ME FEEL SO ...SMALL.

SO... NORMAL.

WATCHING SUPERMAN SINGLE-HANDEDLY PUT OUT A MAJOR FIRE DOES NOTHING TO EASE THAT FEELING.

GREAT JOB, SUPERMAN! WE CAN TAKE IT FROM HERE!

WHAT ABOUT VICTIMS? DOES ANYONE ELSE NEED HELP?

FORTUNATELY, NO. WHOEVER BOMBED THE PLACE CALLED IN ADVANCE AND THE BUILDING WAS CLEARED.

HE FLOATS OVER THEM AS THEY TALK. LIKE IT'S BENEATH HIM TO STAND ON THEIR LEVEL.

ALMOST AS THOUGH HE CONSIDERS HIMSELF A GOD OR SOMETHING.

UHMM... SUPERMAN ...AH...A MINUTE OF YOUR TIME?

YOU ARE...

I'M SURE YOU'RE AWARE THAT THE ANNIVERSARY OF YOUR...UM...*DEATH* IS RIGHT AROUND THE CORNER.

FRANKLY, I *TRY* NOT TO THINK ABOUT IT.

REALLY? SOME ARE SPECULATING THAT THE DESTRUCTION OF THIS BAR AND OTHER, SIMILAR INCIDENTS ARE RELATED TO THE ANNIVERSARY.

ANY REACTION?

UNTIL WE CATCH WHOEVER DID THIS, THERE'S NO WAY OF KNOWING.

YOU'RE SAYING THIS IS A *COINCIDENCE?*

NO. IT SEEMS TO BE THE WORK OF SOME INSANE MANIAC WHO HAS NO APPRECIATION FOR HUMAN LIFE.

INSANE.

MANIAC.

IS THAT HOW YOU SEE PEOPLE WHO ARE *MENTALLY* ILL?

LOOK, I MEANT NO INSULT.

I DON'T CARE.

I **AM** INSULTED.

MY FATHER WAS DIAGNOSED AS BEING **BIPOLAR** YEARS AGO. IT'S A CONDITION THAT WE, AS A FAMILY, STRUGGLED A LOT WITH...

I DIDN'T MEAN ANY DISRESPECT TO YOUR FAMILY...

IT WAS A HARD, HARD WAY TO GROW UP.

ONE WAY

E-25

I ALWAYS **SENSED** THERE WAS SOMETHING NOT QUITE RIGHT WITH MY FATHER, BUT AS A KID, I COULDN'T OR MAYBE **DIDN'T** WANT TO UNDERSTAND WHAT IT MEANT.

AS I GREW OLDER, HIS MOOD SWINGS GOT WORSE AND WORSE. ONE MINUTE, THE HAPPIEST MAN ON EARTH, AND THE NEXT, WHAT DID YOU SAY...?

OH, YEAH, "SOME **INSANE MANIAC.**"

AS I SAID...

YEAH. NO INSULT. AND YOU'LL SAY THAT WHAT HAPPENED NEXT WASN'T YOUR FAULT, EITHER.

I **DON'T** UNDERSTAND.

WE MAY HAVE LIVED FAR FROM HERE, IN A SMALL TOWN, BUT WE WERE STILL IN THE MIDDLE OF DOOMSDAY'S PATH.

MY FATHER REQUIRED MEDICATION, AND, UNFORTUNATELY, IT *RAN OUT* THE DAY DOOMSDAY ATTACKED.

EVERY PHARMACY IN TOWN WAS DESTROYED.

THERE WERE NO REFILLS AVAILABLE FOR DAYS. OUR ENTIRE COMMUNITY WAS PARALYZED IN EVERY SENSE OF THE WORD.

YOU SEE... MY FATHER REALLY RESPECTED YOU. YOUR COSTUME, SO COLORFUL AND BRIGHT... YOUR DEEDS...

FOR SOME REASON, ALL THAT BROUGHT OUT THE *BEST* IN HIM.

IN SHORT, HE WAS YOUR BIGGEST *FAN.*

AND I THINK DEEP DOWN... HE WANTED TO BE *RESCUED* BY YOU.

WHEN THE REPORTS OF YOUR DEATH FIRST CAME IN...

...MY FATHER DROPPED TO HIS KNEES IN OUR SHATTERED HOUSE, OVERWHELMED BY GRIEF...POINTLESS, MEANINGLESS GRIEF.

IF THERE'S ANYTHING I CAN DO...

HEY, YOU DID *ALL* THAT YOU *COULD,* YOU FOUGHT THE GOOD FIGHT *AND* CAME BACK FROM THE DEAD. WHAT MORE CAN ANYONE ASK?

AND YOUR FATHER?

WELL, LET'S SEE--

YOUR DEATH--

--COAST CITY'S DESTRUCTION--

--THE LOSS OF OUR HOME--

--AND *NO* MEDICATION...

IT WAS JUST *TOO* MUCH.

HE COMMITTED *SUICIDE*.

YOUR FIGHT WITH DOOMSDAY, WHO CAME LOOKING FOR *YOU* AND *NO ONE ELSE*...CAUSED *THOUSANDS* OF DEATHS!

YET *ONLY YOU* CAME *BACK!!!*

HOW *FAIR* IS THAT?!

IT ISN'T.

WHICH IS WHY YOU HAVE TO CONSIDER WHAT YOU **MEAN** TO SOME PEOPLE.

THE MEDIA CALLS YOU A SYMBOL OF HEROISM AND **LIFE**.

IN TRUTH, YOU ARE A SYMBOL OF **DEATH** TO ALL THOSE WHO LOST SOMEONE DURING THAT TERRIBLE TIME, SUPERMAN.

SOMEHOW, IN ALL YOUR GLORIOUS RESURRECTION--

--I DOUBT YOU'VE GIVEN THAT A MOMENT'S THOUGHT.

I CAN'T *BELIEVE* I ACTUALLY SAID ALL THOSE THINGS. I'M SHAKING.

I'VE BEEN THINKING THEM FOR YEARS.

BUT TO FINALLY SAY IT OUT LOUD...

...TO *HIM*, OF ALL PEOPLE...

...IT'S INCREDIBLE.

AS IF A HUGE BURDEN HAS BEEN LIFTED, AND YET—

DUFFY.

THIS ISN'T OVER.

TO SOME, SUPERMAN REPRESENTS LIFE.

TO ME, HE REPRESENTS THE ETERNAL EMBRACE OF *DEATH*.

CHAPTER FOUR:
WORLD WITHOUT A
SUPERMAN

YOU HAVE EARNED MY GRATITUDE, MISTER DUFFY.

FOR THE LONGEST TIME, I FELT I WAS ALONE IN THINKING THAT WAY.

IMAGINE HOW *PLEASED* I WAS TO LEARN YOU *AGREED* WITH ME.

WHICH EXPLAINS *WHY* YOU HAVE ME IN THIS SEWER.

WHAT DO YOU DO WITH PEOPLE WHO *DISAGREE* WITH YOU?

YOU ARE A REPORTER FOR THE *DAILY PLANET...* CORRECT?

SO?

YOU ARE HERE TO WITNESS A STORY AND, ULTIMATELY, TO *REPORT* IT.

YOU'VE GONE TO A LOT OF TROUBLE FOR AN EXPOSÉ ON METROPOLIS'S SEWER SYSTEM, MYSTERY MAN.

I AM *THE REMNANT.*

THIS IS *ONE* STORY THAT CAN'T BE WRITTEN IN THAT QUAINT LITTLE COFFEE SHOP YOU FREQUENT.

YOU'VE BEEN *FOLLOWING* ME?!

LET'S JUST SAY THAT I'M *RESOURCEFUL.* RESOURCEFUL ENOUGH, IN FACT--

TOOF

--TO HAVE READ YOUR STORY ON SUPERMAN'S *DEATH.* IT'S *BRILLIANT!*

IF THAT'S THE VERSION WITH MY EDITOR'S COMMENTS, YOU CAN SEE THAT HIS OPINION DIFFERS FROM YOURS.

THAT IS BECAUSE YOUR EDITOR IS UNWILLING TO ACCEPT THE *TRUTH.*

HE *REFUSES* TO SEE SUPERMAN FOR WHAT HE TRULY IS.

THE LOOMING *DEATH* OF US ALL.

TO TY DUFFY, I REPRESENT **DEATH**.

HIS FATHER WAS BIPOLAR ... AND SO SHATTERED BY MY SO-CALLED "DEATH" THAT HE COMMITTED SUICIDE.

HOW MANY OTHERS FEEL THAT WAY?

I'VE TRIED TO PUT ALL OF THAT BEHIND ME.

I'VE ALWAYS WANTED TO BE PERCEIVED AS **NORMAL**. AS SOMEONE NO **BETTER** THAN ANYONE ELSE.

IT'S HARD ENOUGH TO BE PERCEIVED THAT WAY WHEN YOU CAN **FLY**.

WHEN YOU CAN COME **BACK** FROM THE GRAVE--

--IT'S A HELL OF A LOT **HARDER**.

AND NOW IT SEEMS THAT THE DAILY PLANET ISN'T THE ONLY ONE TO KEY IN THE FACT THAT TOMORROW IS THE ANNIVERSARY OF THAT AWFUL DAY.

RESEARCH TIME. MAYBE THERE'S SOMETHING IN PAST STORIES THAT WILL PROVIDE INSIGHT AS TO WHO WOULD DO THIS.

AFTER ALL, WHEN YOU CAN READ AS FAST AS I CAN--

SOMEONE HAS CREATED A PATH OF DESTRUCTION THAT DUPLICATES DOOMSDAY'S ORIGINAL MARCH TO, AND THROUGH METROPOLIS.

--IT ONLY TAKES ABOUT THREE MINUTES TO READ EVERY WORD EVER WRITTEN ON SUPERMAN'S DEATH.

NOTHING. AT LEAST, NOTHING I CAN DISCERN.

KENT! WHAT ARE YOU DOING HERE?

HI, PERRY. JUST CHECKING IN. WHY ARE YOU HERE SO LATE?

I'M LOOKING FOR TY DUFFY. HE OWES ME A STORY, BUT HE'S DROPPED OFF THE FACE OF THE EARTH.

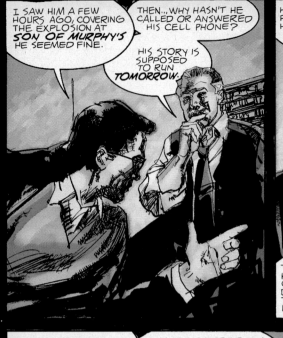

I SAW HIM A FEW HOURS AGO, COVERING THE EXPLOSION AT **SON OF MURPHY'S** HE SEEMED FINE.

THEN... WHY HASN'T HE CALLED OR ANSWERED HIS CELL PHONE?

HIS STORY IS SUPPOSED TO RUN **TOMORROW.**

HE'S YOUNG, PERRY, PROBABLY TORTURING HIMSELF OVER THE FINAL REWRITE.

IT'S **MORE** THAN THAT.

THIS PIECE HE'S DOING ON SUPERMAN'S DEATH SEEMS TO HAVE KNOCKED HIM OFF-KILTER.

HE DIDN'T APPRECIATE MY COMMENTS ON THE FIRST DRAFT.

THAT'S THE PROBLEM WITH THESE HOT NEW WRITERS. THEY CAN **NOT** HANDLE **EDITING.**

IT'S NOT THE EDITING THAT'S TWISTING DUFFY INSIDE-OUT.

IT'S HIS GRUDGE AGAINST SUPERMAN.

WAIT, WHY DIDN'T I SEE THIS BEFORE?

 I'VE RESEARCHED EVERYTHING WRITTEN ON SUPERMAN'S DEATH.

--WHILE **IGNORING** EVERYONE ELSE'S.

NOW LET'S CHECK EVERY SINGLE DEATH THAT OCCURRED WHILE I WAS "AWAY."

LOOK INTO DOOMSDAY'S PATH, NOT JUST IN METROPOLIS...BUT *EVERYWHERE*.

MY GOD.

THERE ARE SO MANY.

TIKKA TIKKA TAK TAK

SO MANY...THAT, ONE WAY OR ANOTHER...WERE *CONNECTED*.

AFTER ALL THESE YEARS, ONLY *YOU* DARED TO DEAL WITH THE REALITY OF WHAT HAPPENED, MR. DUFFY.

ONLY *YOU* FOUND THE COURAGE TO TELL THE WORLD OF THE DOMINO EFFECT INITIATED WITH SUPERMAN'S PRESENCE IN METROPOLIS.

HE SHOULDN'T BE *HERE!* HE SHOULD BE ON ANOTHER *PLANET!*

THE WORLD THREW ITSELF INTO A FRENZY AS IT *MOURNED* SUPERMAN.

HIS DEATH WAS SO LARGE IN SCOPE THAT IT DWARFED THE DEATHS OF ALL THE OTHERS WHO DIED BECAUSE OF DOOMSDAY'S RAMPAGE.

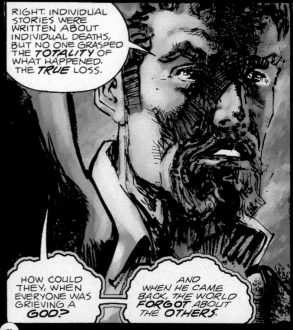

RIGHT. INDIVIDUAL STORIES WERE WRITTEN ABOUT INDIVIDUAL DEATHS, BUT NO ONE GRASPED THE *TOTALITY* OF WHAT HAPPENED, THE *TRUE* LOSS.

HOW COULD THEY, WHEN EVERYONE WAS GRIEVING A *GOD?*

AND WHEN HE CAME BACK, THE WORLD *FORGOT* ABOUT THE *OTHERS*.

YEAH. TO THE AVERAGE PERSON, SUPERMAN NEVER DIED...SO **NO ONE ELSE** DID, EITHER.

SUPERMAN COULD HAVE EXPOSED THE PLIGHT OF ALL THOSE WHO SUFFERED THE LOSS OF LOVED ONES--

--BUT SUCH A MOVE WOULD HAVE REVEALED HIM FOR THE **THREAT** HE REALLY IS.

YOU **TRIED** TO TELL THE WORLD THE TRUTH, BUT YOU WERE **STOPPED.**

NOW IT'S MY TURN.

WHAT... ABOUT **ME?**

THE DAILY PLANET IS THE ARCHITECT OF SUPERMAN'S ASCENSION TO THE **HIGHEST** OF **PEDESTALS!**

FOR THAT...AND MORE...A **PRICE** MUST BE **PAID.**

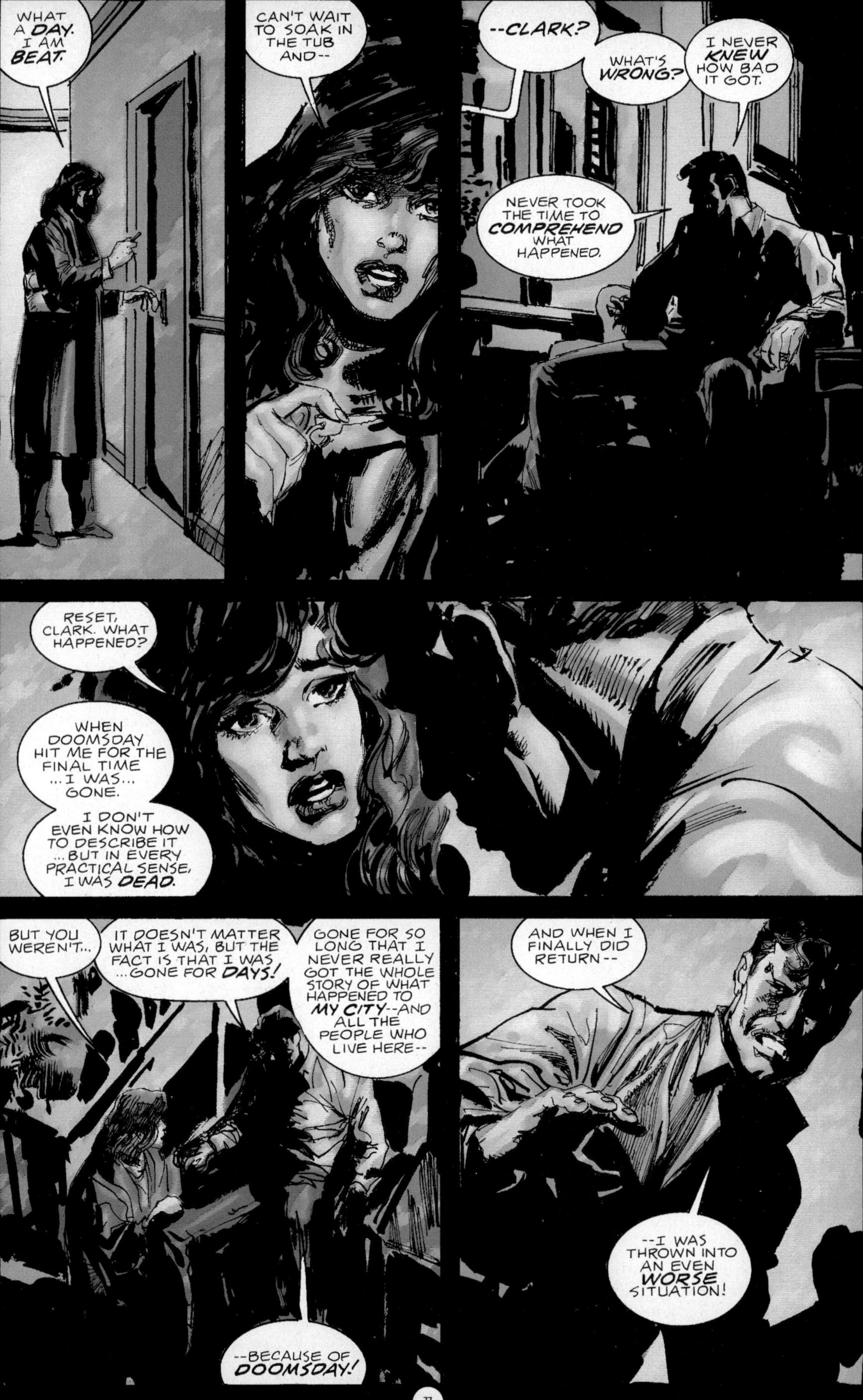
WHAT A DAY. I AM BEAT.
CAN'T WAIT TO SOAK IN THE TUB AND--
--CLARK?
WHAT'S WRONG?
I NEVER KNEW HOW BAD IT GOT.
NEVER TOOK THE TIME TO COMPREHEND WHAT HAPPENED.
RESET, CLARK. WHAT HAPPENED?
WHEN DOOMSDAY HIT ME FOR THE FINAL TIME ...I WAS... GONE.
I DON'T EVEN KNOW HOW TO DESCRIBE IT ...BUT IN EVERY PRACTICAL SENSE, I WAS DEAD.
BUT YOU WEREN'T...
IT DOESN'T MATTER WHAT I WAS, BUT THE FACT IS THAT I WAS ...GONE FOR DAYS!
GONE FOR SO LONG THAT I NEVER REALLY GOT THE WHOLE STORY OF WHAT HAPPENED TO MY CITY--AND ALL THE PEOPLE WHO LIVE HERE--
--BECAUSE OF DOOMSDAY!
AND WHEN I FINALLY DID RETURN--
--I WAS THROWN INTO AN EVEN WORSE SITUATION!

ONE OF THE FOUR MEN WHO CLAIMED TO BE SUPERMAN WAS ACTUALLY AS *EVIL* AND *TWISTED* AS THEY COME.

HE AND THAT ALIEN TYRANT *MONGUL* WIPED OUT COAST CITY IN ORDER TO CONSTRUCT A GIANT ENGINE THAT WOULD ACTUALLY MOVE EARTH OUT OF ITS ORBIT!

I WAS WEAK...AND HAD TO TRAVEL IN A KRYPTONIAN WARSUIT WHILE I HEALED.

OTHERWISE, THEY *NEVER* WOULD HAVE HAD THE TIME TO DO WHAT THEY DID.

SURE, I STOPPED THEM.

THE MEDIA FOCUSED ON COAST CITY'S DESTRUCTION.

AND SUPERMAN'S *RETURN.*

WHEN I FINALLY DID GET BACK TO METROPOLIS, THE FANFARE WAS OVER-WHELMING.

PEOPLE WERE SO HAPPY TO SEE ME *ALIVE* THAT I DIDN'T SEE THE *OBVIOUS.*

THAT BEING...?

THE J.L.A. AND I FOUGHT DOOMSDAY IN NUMEROUS PLACES DURING HIS MARCH ACROSS AMERICA--

--UNTIL IT ENDED IN FRONT OF THE *DAILY PLANET.*

ALONG THE WAY, THE DESTRUCTION WAS SO MASSIVE THAT THERE WERE VICTIMS *EVERY-WHERE.*

BUT THE FIGHT WAS SO *INTENSE* AND FAST-MOVING THAT I COULDN'T ...I WASN'T ABLE TO STOP AND DO ANYTHING.

THERE WERE VICTIMS ALONG THE WAY. PEOPLE I SHOULD HAVE KNOWN ABOUT AND *HELPED.*

GOD HELP ME, LOIS-- I JUST DIDN'T *KNOW!*

I DON'T KNOW WHAT BROUGHT ALL THIS ON, CLARK, BUT YOU...AS ALWAYS...DID YOUR BEST. YOU *GAVE UP* YOUR LIFE FOR EVERYONE.

YOU *DIDN'T* KNOW YOU WERE GONNA COME BACK.

WHAT'S PAST IS PAST. FOCUS ON THE PRESENT... ON *STOPPING* THIS COPYCAT KILLER.

GOOD POINT, LOIS. I STILL CAN'T BELIEVE THAT SOMEONE WOULD TRY TO DUPLICATE WHAT DOOMSDAY DID.

CLARK, I JUST HAPPENED TO THINK...

WHAT IF IT'S DOOMSDAY? WHAT IF HE'S *BACK?*

NO. IT'S TOO SUBTLE FOR HIM. SOMEONE IS BEING VERY CALCULATING IN THESE STRIKES, TAKING THEIR TIME.

WHO WOULD WANT TO DO THIS?

TY DUFFY'S FATHER TOOK HIS OWN LIFE BECAUSE OF WHAT HAPPENED.

AS A RESULT, TY RESENTS SUPERMAN. HOW MANY PEOPLE OUT THERE *AGREE* WITH HIM?

THIS COULD BE ONE OF *THEM...* DESPERATELY TRYING TO MAKE A POINT.

SICK...BUT LOGICAL. I'LL DO SOME RESEARCH WHILE YOU STAND GUARD.

STAND GUARD? WHERE?

TOMORROW IS THE ANNIVERSARY...

TAK TAK

...OF SUPERMAN'S DEATH. THE NEXT TARGET *HAS* TO BE THE *DAILY PLANET* OFFICES!

I'M ON MY WAY.

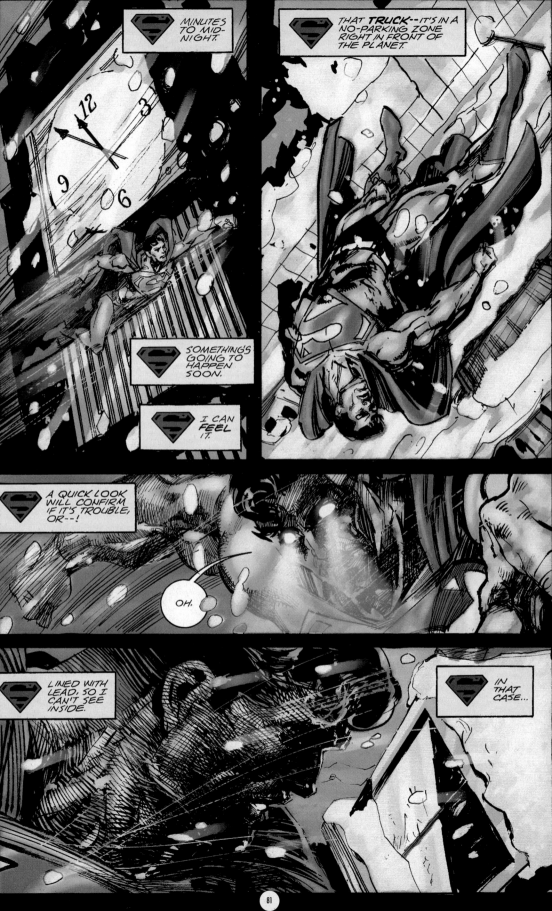

MINUTES TO MID-NIGHT.

THAT *TRUCK*--IT'S IN A NO-PARKING ZONE RIGHT IN FRONT OF THE PLANET.

SOMETHING'S GOING TO HAPPEN SOON.

I CAN *FEEL* IT.

A QUICK LOOK WILL CONFIRM IF IT'S TROUBLE, OR--!

OH.

LINED WITH LEAD, SO I CAN'T SEE INSIDE.

IN THAT CASE...

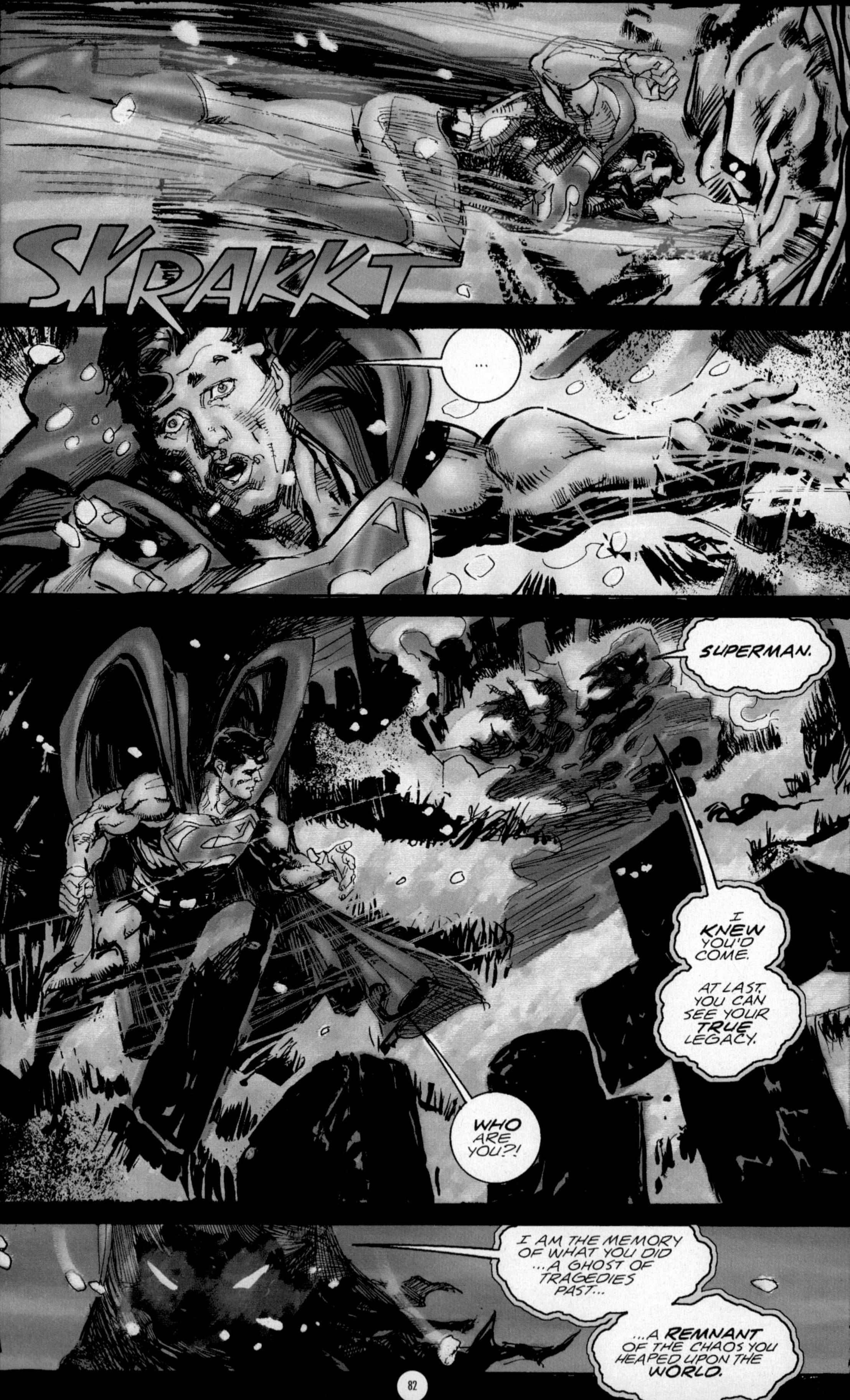
SKRAKKT
...
SUPERMAN.
I KNEW YOU'D COME.
AT LAST, YOU CAN SEE YOUR TRUE LEGACY.
WHO ARE YOU?!
I AM THE MEMORY OF WHAT YOU DID ...A GHOST OF TRAGEDIES PAST...
...A REMNANT OF THE CHAOS YOU HEAPED UPON THE WORLD.

TRUST ME, I FEEL *AWFUL* ABOUT WHAT HAPPENED. AND AS SOMEONE TRIED TO REMIND ME, I DID EVERYTHING THAT I POSSIBLY COULD TO *STOP* DOOMSDAY.

LIKE A DESOLATE VALLEY OR A LONELY DESERT. SOMEPLACE ISOLATED WHERE THERE WOULD BE NO COLLATERAL DAMAGE.

IT'S EASY TO LOOK BACK WITH 20/20 VISION. THE FURY OF BATTLE DOESN'T ALLOW THAT LUXURY.

DOOMSDAY WANTED *YOU.* HE WOULD SURELY HAVE FOLLOWED YOU--

--AWAY FROM *INNOCENT BYSTANDERS.*

REALLY? DID THEY ALSO ASK WHY YOU DIDN'T *MOVE* THE FIGHT *ELSEWHERE?*

THAT'S IMPOSSIBLE TO SAY. HE WAS A FORCE OF NATURE UNTO HIMSELF. RUTHLESS. BRUTAL.

WHEN I MET HIM OUTSIDE METROPOLIS, HE PLOWED THROUGH AND KEPT GOING. HE WOULDN'T HAVE FOLLOWED ME --

--ANY MORE THAN A TORNADO OR HURRICANE WOULD.

LIES! YOU NEVER EVEN *TRIED!*

YOUR MANY VICTIMS, LAID OUT IN FRONT OF YOU, WOULD DISAGREE.

HAVE YOU READ THE STONES? THE NAMES?

DOES EVEN A *SINGLE* ONE RING A BELL?

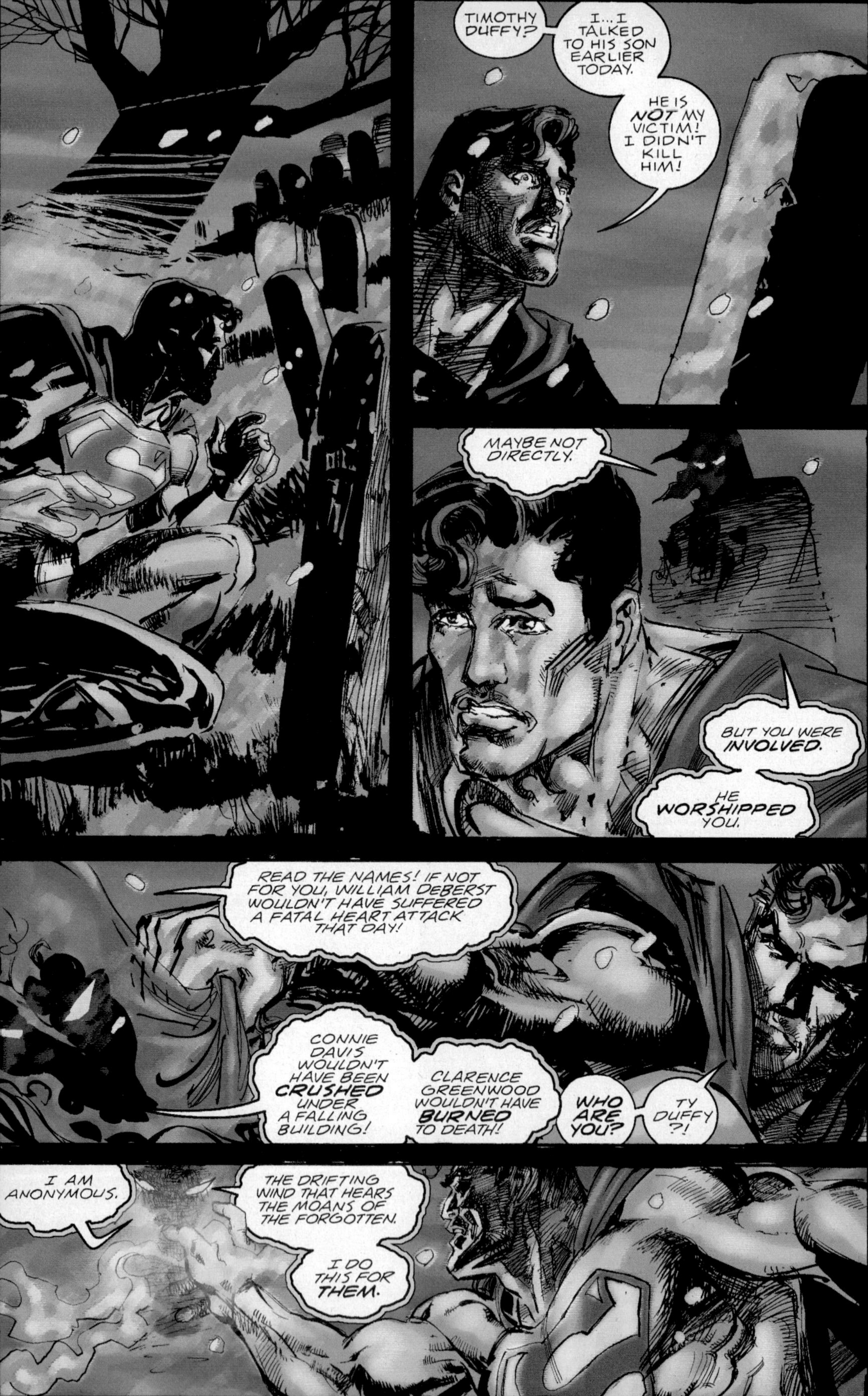
TIMOTHY DUFFY?
I... I TALKED TO HIS SON EARLIER TODAY.
HE IS NOT MY VICTIM! I DIDN'T KILL HIM!
MAYBE NOT DIRECTLY.
BUT YOU WERE INVOLVED.
HE WORSHIPPED YOU.
READ THE NAMES! IF NOT FOR YOU, WILLIAM DEBERST WOULDN'T HAVE SUFFERED A FATAL HEART ATTACK THAT DAY!
CONNIE DAVIS WOULDN'T HAVE BEEN CRUSHED UNDER A FALLING BUILDING!
CLARENCE GREENWOOD WOULDN'T HAVE BURNED TO DEATH!
WHO ARE YOU?
TY DUFFY ?!
I AM ANONYMOUS.
THE DRIFTING WIND THAT HEARS THE MOANS OF THE FORGOTTEN.
I DO THIS FOR THEM.

THE LEAD WALLS MIGHT HAVE BEEN HIDING MORE THAN A HOLOGRAPHIC GRAVEYARD.

IF THERE'S A BOMB UNDER THE FLOOR...

NOTHING.

THE CAB?

CLEAR.

THERE *HAS* TO BE MORE TO THIS THAN WHAT I'VE SEEN...

...BUT *WHAT*?

UP HERE, SUPERMAN.

THE MOMENT OF DESTRUCTION IS AT HAND.

ANOTHER LEAD BOX. WHAT'S INSIDE? A *BOMB?*

IT IS TIME FOR YOUR OFFICIAL PUBLIC RELATIONS MACHINE TO *FALL.*

THAT--

--AND *MORE.*

THERE'S A PERSON INSIDE.

THE HEART-BEAT IS FAMILIAR.

PERRY.

YOU'D KILL AN *INNOCENT* MAN?

INNOCENT?

HE SINGS YOUR PRAISES AT EVERY OPPORTUNITY--

--WHILE *REFUSING* TO TELL THE *TRUTH* ABOUT WHAT YOU'VE DONE!

I *WON'T* LET YOU DO THIS.

YOU HAVE NO CHOICE.

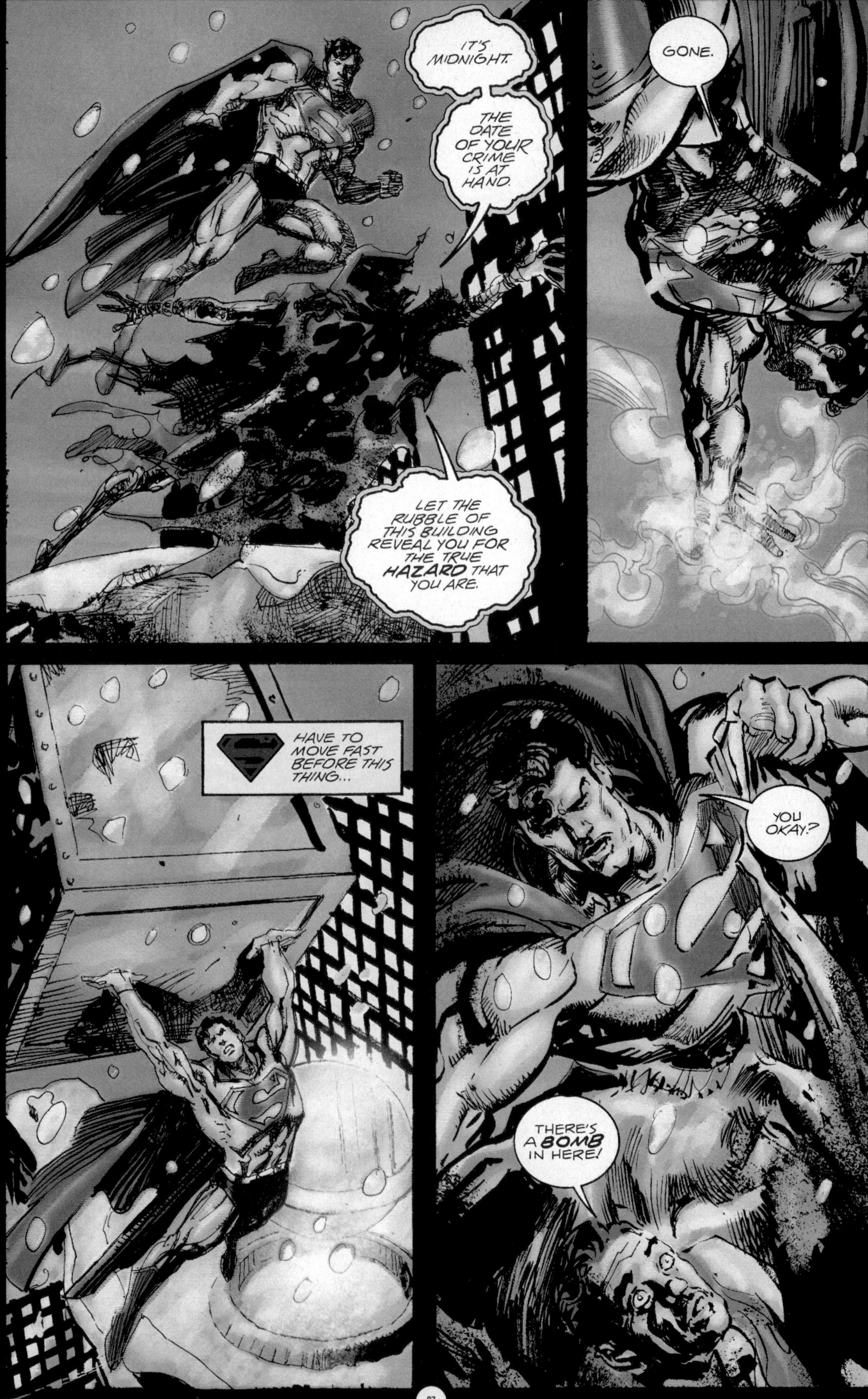
IT'S MIDNIGHT.
THE DATE OF YOUR CRIME IS AT HAND.
LET THE RUBBLE OF THIS BUILDING REVEAL YOU FOR THE TRUE **HAZARD** THAT YOU ARE.
GONE.
HAVE TO MOVE FAST BEFORE THIS THING...
YOU OKAY?
THERE'S A **BOMB** IN HERE!

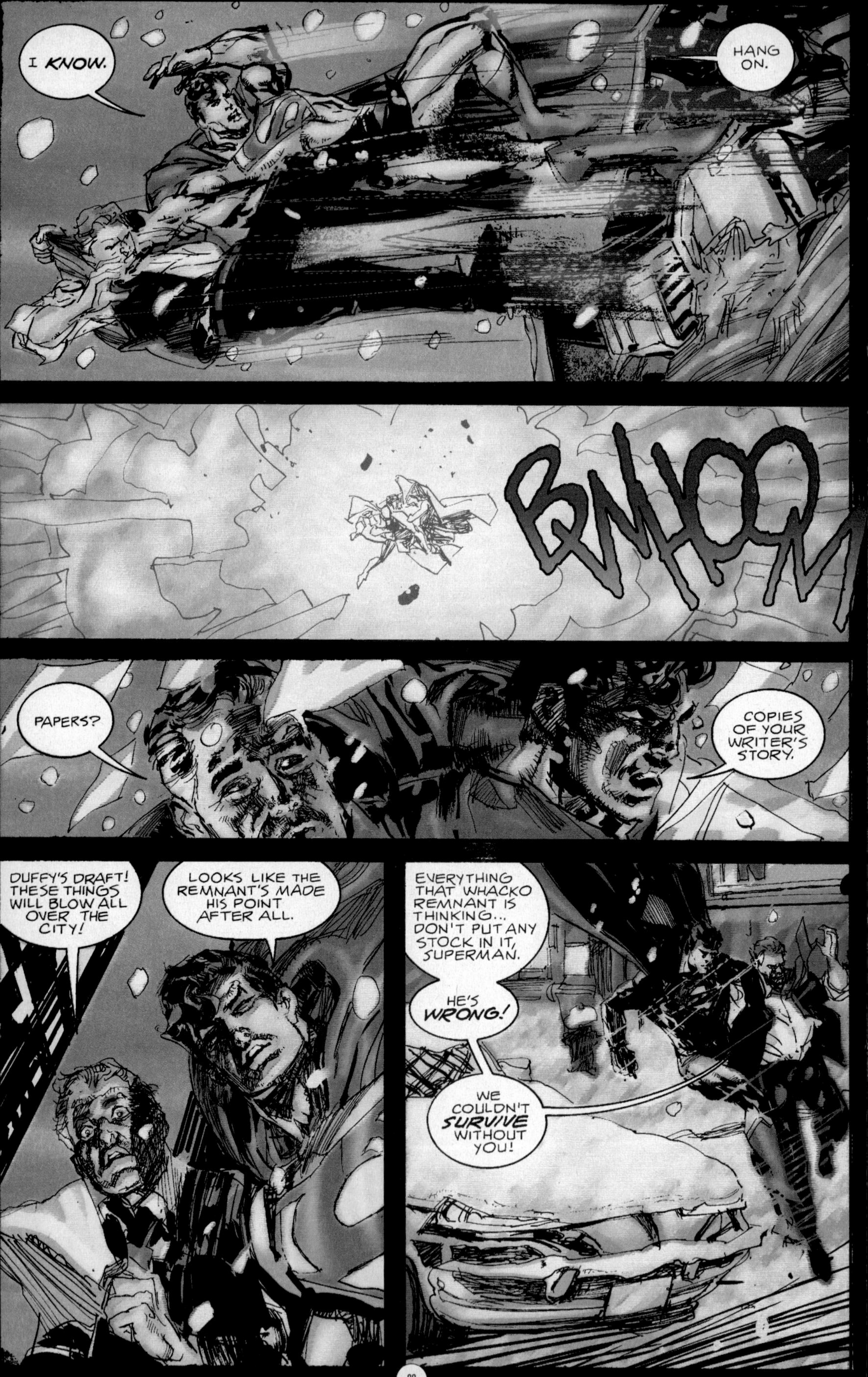
I KNOW.
HANG ON.
BWHOOM
PAPERS?
COPIES OF YOUR WRITER'S STORY.
DUFFY'S DRAFT! THESE THINGS WILL BLOW ALL OVER THE CITY!
LOOKS LIKE THE REMNANT'S MADE HIS POINT AFTER ALL.
EVERYTHING THAT WHACKO REMNANT IS THINKING... DON'T PUT ANY STOCK IN IT, SUPERMAN.
HE'S WRONG!
WE COULDN'T SURVIVE WITHOUT YOU!

NO SIGN OF HIM ANYWHERE. I DON'T KNOW HOW HE VANISHES LIKE THAT.

...BUT HE'S GONE NOW. THOUGH I *DO* SEE ONE PERSON WHO NEEDS A HAND.

DUFFY. YOU OKAY?

I'LL BE A LOT BETTER ONCE YOU GET ME *OUT* OF HERE.

THOUGH I HAVE TO ADMIT, THIS *IS* KIND OF AWKWARD.

SUPERMAN ISN'T THE OGRE YOU *THINK* HE IS, SON.

OGRE? NO.

INSENSITIVE? MAYBE. ONCE, I FOUGHT TO THE DEATH...RIGHT HERE ON THIS SPOT.

I HAD NEVER, EVER FACED ANYONE SO UNSTOPPABLE AS *DOOMSDAY*. I WAS AFRAID... NOT FOR WHAT HE'D DO TO ME...

...BUT AFRAID OF THE PROBABILITY THAT HE'D *WIN*.

AND THAT HE'D TEAR THIS WHOLE CITY DOWN AND KILL MORE PEOPLE THAN I COULD POSSIBLY COUNT.

FORTUNATELY, I STOPPED HIM.

BUT HIS ACTIONS DID MAKE ME REALIZE SOME THINGS.

I UNDERSTAND HOW YOU FEEL, DUFFY.

MY LIFE, EVERY PART OF IT, HAS AN EFFECT ON OTHERS. AND PERHAPS THERE ARE BETTER WAYS TO FIGHT FOR TRUTH AND JUSTICE THAN WITH MY FISTS.

THE REMNANT WASN'T ABOVE KILLING PEOPLE TO MAKE HIS POINT.

SO IF YOU WANT TO BE A GOOD REPORTER, DON'T BACK OFF FROM THE TOUGH QUESTIONS. ASK YOURSELF THIS...

...IS THE WORLD A BETTER PLACE WITH ME...OR WITHOUT ME? IF I'M GONE, DO YOU GET FEWER DOOMSDAYS--

--OR MORE COAST CITIES?

THIS IS WHAT I HAVE TO LIVE WITH. I'LL BE INTERESTED IN HEARING YOUR CONCLUSION.

END.

DAN JURGENS
Story and Pencil Art

BILL SIENKIEWICZ
Ink Art

JOHN E. WORKMAN
Lettering

BRIAN MILLER and HI-FI
Coloring

LYSA HAWKINS
Associate Editor

EDDIE BERGANZA
Editor

SUPERMAN Created by JERRY SIEGEL and JOE SHUSTER

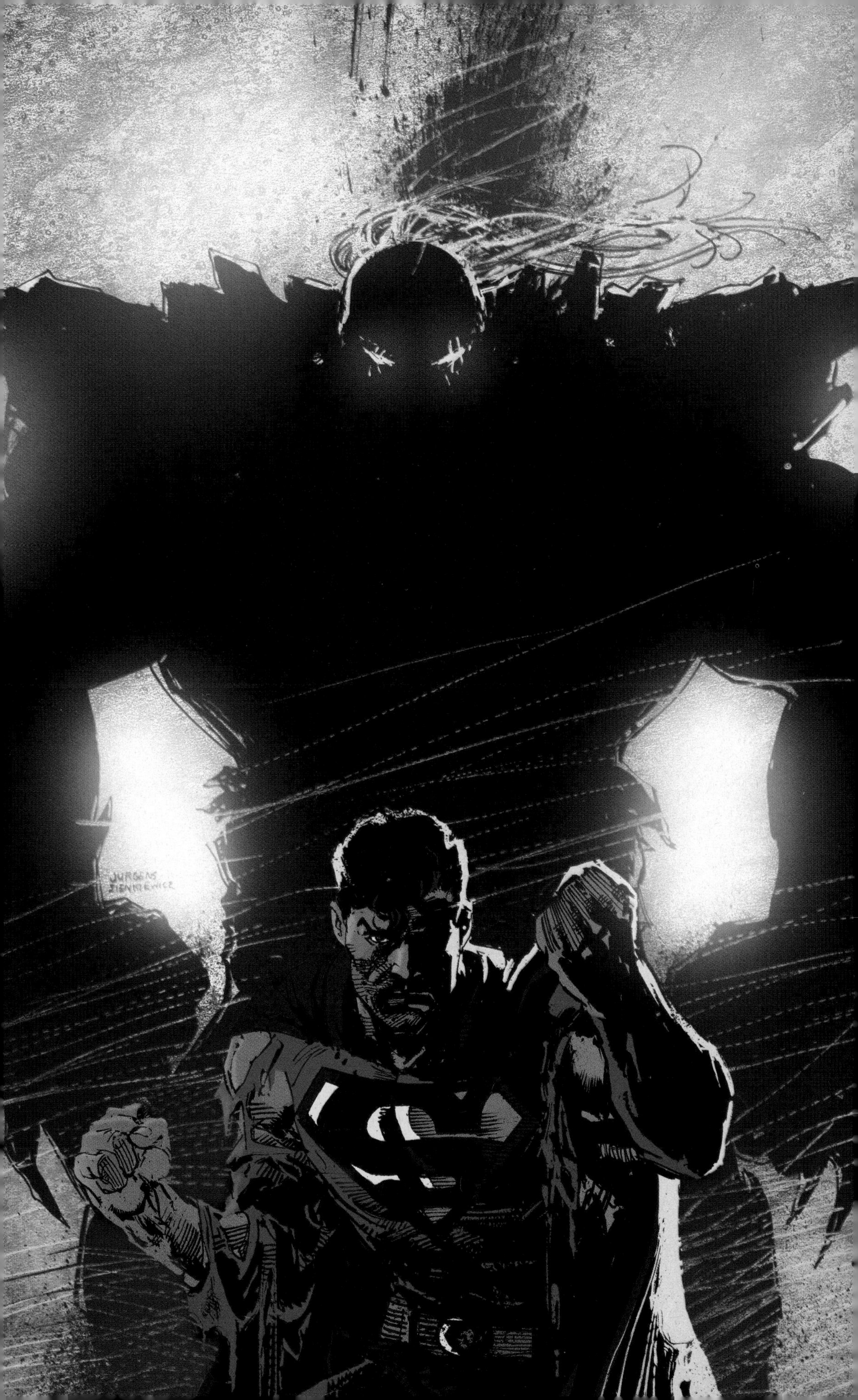
JURGENS
SIENKIEWICZ

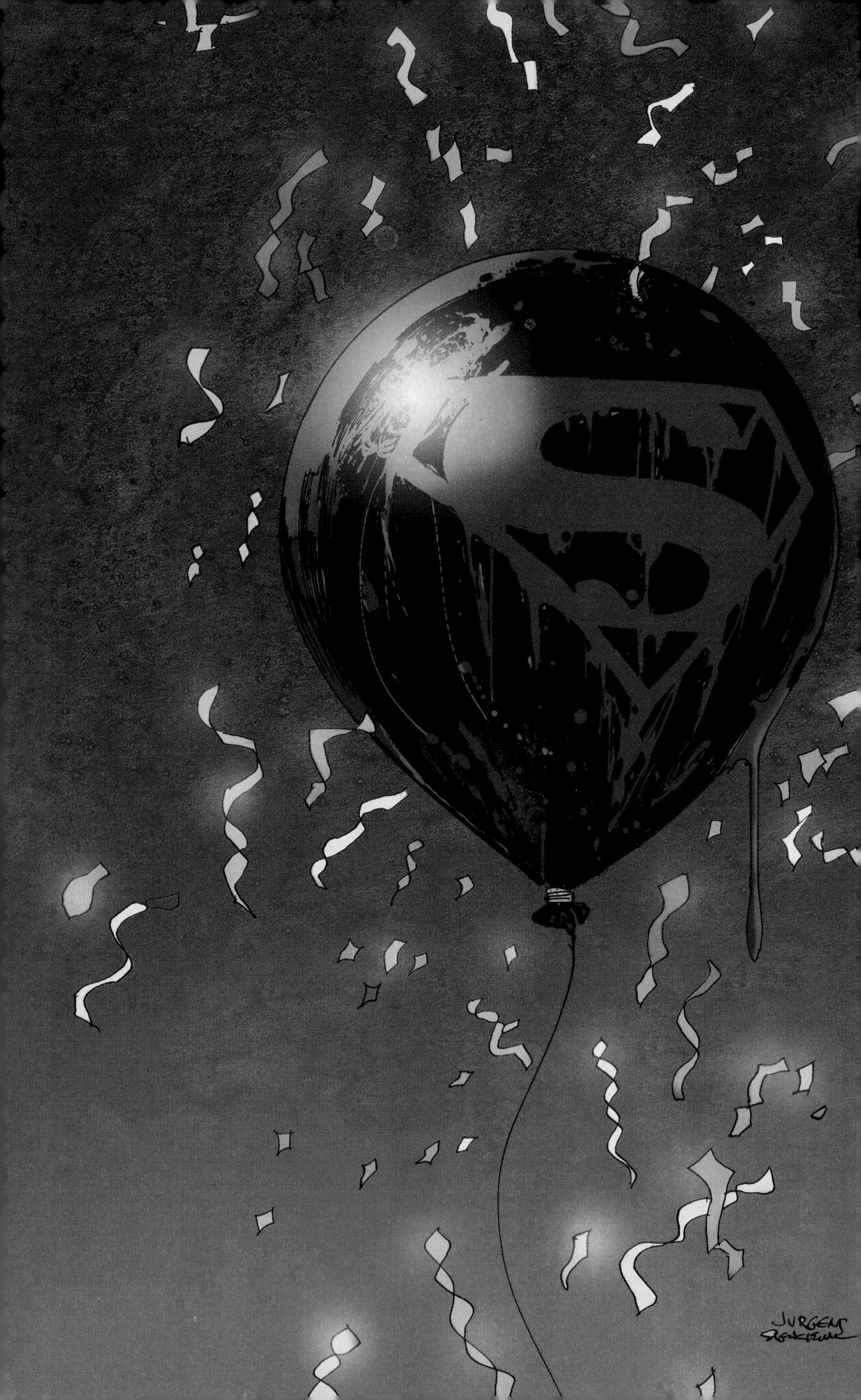
JURGENS

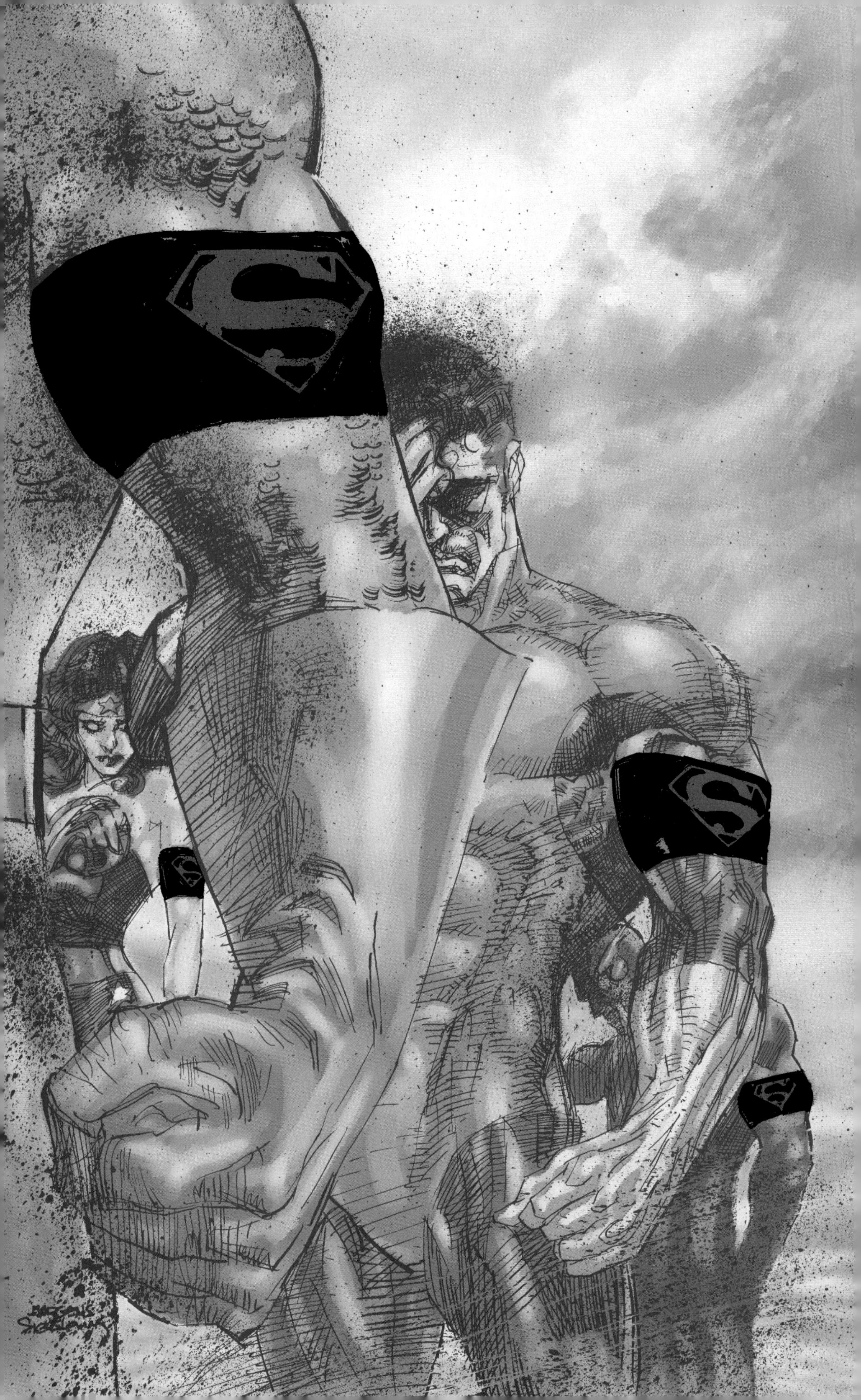

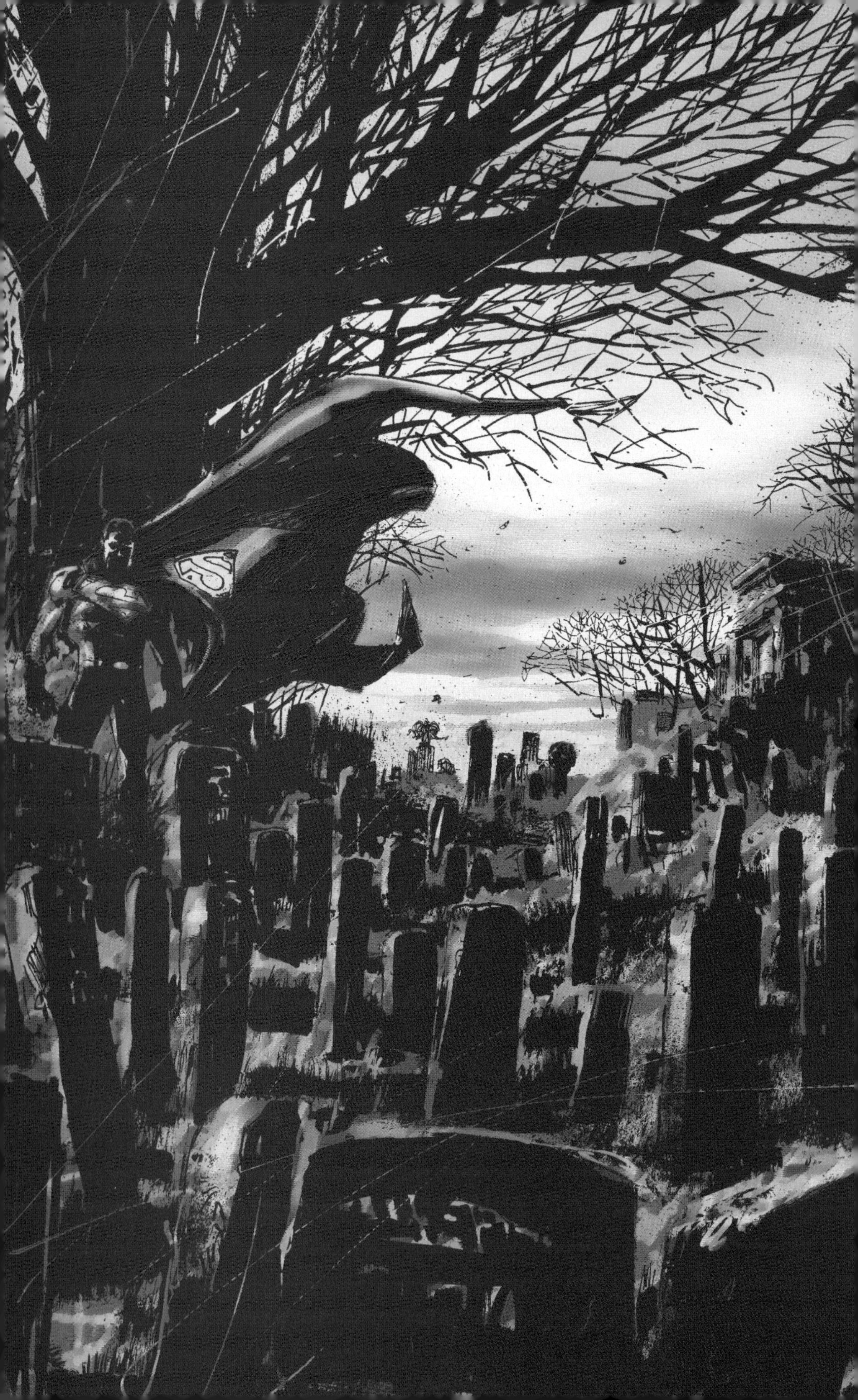

SUPERMAN
THE NEVER-ENDING BATTLE CONTINUES IN
THESE BOOKS FROM DC COMICS:

rvé Mack pendant quelques secondes, Cedric
…encamp qui lui souffla une autre bouffée de
…ns un timing parfait.

… dirais que le super talent de Mack, c'est qu'il
…oulever des choses », déclara Cedric d'un air

…ronça les sourcils.

…en sûr qu'il est doué pour soulever des choses.
…le. C'est un putain de géant. C'est l'évidence
… y a rien de spécial à pouvoir soulever des choses.
… histoire à propos de Mack et de son arrivée ici.
…k vivait dans l'Arkansas, qu'il a dû quitter parce
…herché pour meurtres. C'est un tueur à gages. Il a
… de gens qu'il a gagné le surnom de Slasher.

…oui. Maintenant, devine pourquoi ? »
…alaya une autre bouffée de fumée qui arrivait dans sa

…ose qu'avec un surnom pareil, il doit savoir se servir
…eau. Donc j'imagine que son super talent, c'est de
…les gens avec un couteau, non ?

…! Il étrangle les gens. Ces mains immenses, elles
… tuer quelqu'un en quelques secondes. Je te garantis
…qu'il glisse ses mains autour de la gorge de quelqu'un,
…qu'un meurt en moins de dix secondes. C'est vraiment
… chose à voir. »

…ric se tourna vers Mack, puis vers Mellencamp. Ses sour-
…aient froncés d'incompréhension.

… comprends pas, dit-il. Pourquoi un étrangleur porterait le
…om de Slasher ?

…arce qu'il pisse sur toutes ses victimes[1].

---

[1] *To slash* signifie couper, trancher, mais aussi aller pisser (*to go for a slash*).
…T.)

26

La journée de Silvio Mellencamp avait été pleine de rebon-
dissements et beaucoup plus stressante qu'il n'en avait
l'habitude. Il n'avait même pas eu le temps de s'habiller
correctement. Aussi était-il très préoccupé lorsqu'il s'assit
derrière son bureau vêtu de sa robe de chambre en soie couleur or.

Le bureau était une réplique exacte de celui de Bill Clinton à
la Maison-Blanche et l'espace pour les jambes en dessous était
assez grand pour y accueillir deux filles du Minou Joyeux en
même temps. Malheureusement pour Mellencamp, il avait été
si occupé qu'il n'avait pas eu le temps de se faire sucer une seule
fois en trois heures. Les coups de fil s'étaient enchaînés pendant
qu'il essayait de se tenir au courant des derniers agissements
criminels à B Movie Hell. Il avait passé la plus grande partie de
l'après-midi derrière son bureau, à boire du cognac, fumer des
cigares et regarder les infos. Et voilà qu'un nouveau visiteur
impromptu venait une nouvelle fois le déranger.

Le jeune homme blond et débraillé qui venait de prendre place
sur le siège en face de lui affichait un large sourire. Il s'appelait
Cedric Trautman. Clarisse l'avait accompagné dans le bureau
de Mellencamp parce qu'il prétendait avoir une « information
importante » pour lui. Avant ça, il avait rendu visite à une des
filles en bas et d'après l'expression sur son visage, il avait pris du
bon temps.

« Qu'est-ce que je peux faire pour toi, fiston ? » demanda
Mellencamp. Il tira sur son gros cigare cubain et fit tomber la
cendre dans un grand cendrier sur son bureau.

« Je cherche du travail et j'ai entendu dire qu'un poste s'était libéré. »

Mellencamp jeta un œil à son garde du corps, Mack, qui se tenait près de la porte. Celui-ci haussa les épaules d'un air désolé. La journée avait été un peu folle et il n'avait de toute évidence pas eu le temps de filtrer tous les visiteurs.

« On m'a dit que tu avais une information importante pour moi, dit Mellencamp en s'adossant à son fauteuil et en buvant une longue gorgée de cognac. J'espère pour toi que ce n'est pas le fait que tu cherches du boulot.

– En fait, c'est à propos de votre ami, Arnold », dit Cedric.

Mellencamp tira une nouvelle fois sur son cigare et souffla la fumée vers Cedric.

« Arnold est mort. »

Cedric toussa et agita la main devant son visage pour tenter de dissiper la fumée.

« J'ai entendu aux infos qu'Arnold s'est fait découper par ce type, là, l'Iroquois.

– Ce n'est pas nouveau.

– Oui, je sais, et c'est vraiment tragique et tout, mais je me suis dit que si je venais vous voir directement aujourd'hui et faisais preuve d'un peu d'initiative, vous pourriez me choisir pour le remplacer.

– Le remplacer ? Ah ! Tu sais qu'Arnold faisait environ cent choses différentes ici ? Tu n'es qu'un gosse. Quel âge as-tu ?

– Dix-neuf ans, monsieur.

– Dix-neuf ans, et tu penses pouvoir remplacer Arnold, un de mes plus vieux et plus chers amis ?

– Pas directement comme ça, monsieur. Je suis prêt à commencer par les petits boulots, mais je me suis dit que vous manquiez certainement d'hommes, et ça a toujours été mon rêve de travailler pour un baron du crime à B Movie Hell.

– *Baron du crime* ? Qui est-ce que tu traites de baron du crime ? demanda Mellencamp avec dédain.

– Eh bien, je
entendu dire qu
le faites zigouill

Mellencamp ti
Celui-ci, comme t

« Zigouiller, mar
trop la télévision. Et

– Éliminer. D'acc
mémoire.

– Tu as une super mé
dit Mellencamp, d'hum
crime, hein ? » Il tira sur
bien. Et tu sais quoi ? J'aim
faut beaucoup pour débarqu
fait buter et proposer de le re

– Merci, monsieur. Mon
faire preuve d'initiative. Le pr

– C'est un bon conseil, dit M
cepte de faire de toi un de mes fi
qu'est-ce que tu sais faire ?

– Ce que je sais faire ?

– Ouais, tu sais, tu as un talen
montra du doigt Mack. « Prends Ma
c'est quoi, son super talent ? »

Cedric regarda par-dessus son épaul
l'observait également sans révéler la
mesurait environ deux mètres de hau
large. Son crâne rasé faisait la taille d'u
biceps aussi étaient énormes. Ses mains
ses hanches étaient grandes comme des p
plus grandes mains de la ville et quand il s
pouvaient passer à travers un mur.

Après avoir obse
se tourna vers Me
fumée au visage d

« Comme ça, je
est doué pour s
confiant.

Mellencamp
« Sans rire. B
Regarde sa tai
même. Et il n'
Mais il y a un
Tu vois, Mac
qu'il était re
tué tellemen

– Slasher ?
– Slasher
Cedric b
direction.

« Je sup
d'un cou
découper

– Faux
peuvent
que lor
ce que
quelqu
Ced
cils é
« J
surn

–

1
(Nd

– Pardon ?

– Mack urine sur toutes ses victimes. C'est sa signature. Une fois qu'ils sont morts, il sort son petit oiseau et pisse sur le corps.

– Mais pourquoi ?

– Pour qu'on le surnomme Slasher. Suis un peu.

– Et c'est un super talent ? Pisser sur des cadavres ? OK, hmm, donc j'imagine que je pourrais chier sur des cadavres si vous voulez ? Ça pourrait être mon super talent. »

Mellencamp réfléchit à la suggestion.

« Le Merdeux ? pensa-t-il à voix haute tout en continuant à tirer sur son cigare. Non, on peut trouver mieux. La Tache, ça pourrait être pas mal. On pourrait t'appeler la Tache. Ou la Tache de merde. Tu ressembles à une tache de merde.

– Sérieusement ? dit Cédric. Vous voulez vraiment que je chie sur les gens ? »

Mellencamp éclata de rire.

« Nan, je te fais marcher. Pisser sur les gens, c'est le truc de Mack. Tu te trouveras ta propre marque de fabrique plus tard si tu veux, pour le moment je veux juste savoir quelles sont les compétences que tu as et dont je pourrais avoir besoin. Pourquoi devrais-je t'embaucher comme homme de main ? Quels sont tes attributs ?

– Eh bien, je suis travailleur, monsieur. Je suis honnête. Je ne vole pas et je sais quand je dois la fermer.

– Savoir quand tu dois la fermer est la moindre des choses, fiston.

– D'accord. Parce que vous savez, ça fait longtemps que je sais pour Bébé et j'en n'ai jamais parlé à personne. Et il est évident que si j'ai le job, je continuerai de la fermer. »

Mellencamp était sur le point de tirer sur son cigare, mais il interrompit son geste, le laissant à deux centimètres de sa bouche pour mieux se concentrer sur ce que Cedric avait à dire.

« Ça fait longtemps que tu sais pour Bébé ? demanda-t-il en jetant un rapide coup d'œil à Mack.

– Oui. Enfin vous savez, je sais qui elle est vraiment et tout, mais j'en n'ai jamais parlé à personne évidemment, et je le ferai jamais... » Il souriait à Mellencamp, mais le sourire s'estompa lentement lorsqu'il vit l'expression de mécontentement sur le visage de son interlocuteur. Il déglutit bruyamment, et ajouta : « ... même si je n'ai pas le boulot.

– C'est bon à savoir », dit Mellencamp. Il regarda Mack et lui fit un signe de tête.

Cedric semblait mal à l'aise, conscient qu'il avait peut-être parlé à tort. Mack se faufila derrière lui et balaya la chaise du garçon d'une main de géant. Cedric tomba en arrière et atterrit sur les fesses. Son crâne heurta le sol une seconde plus tard, et il resta les yeux fixés au plafond. *Sur Mack.*

Mack se pencha et l'attrapa par les cheveux. Il le tira pour le remettre sur pied, passa sa main de géant autour de son cou et le souleva à trente centimètres du sol. Cedric s'agrippa désespérément à la main de Mack et essaya de se libérer de sa poigne de fer, en vain.

« Montre-lui ce que tu sais faire, Mack, dit Mellencamp tout en faisant tourner son verre de cognac dans sa main.

– Regardez, chef. Une main ! répondit Mack avec un sourire benêt.

– C'est très bien, Mack. Très bien. »

Mellencamp regarda Cedric s'étouffer et tenter d'arracher désespérément la main de Mack de sa gorge. Il ne fallut que quelques secondes pour que son visage vire au rouge, puis peu à peu au bleu, ses yeux sortant de ses orbites à mesure que l'air était expulsé de ses poumons. Mellencamp sourit et mâchouilla le bout de son cigare.

« Mack, dit-il en soufflant la fumée vers le plafond. Essaie de ne pas pisser sur le tapis, cette fois. »

27

« Q u'est-ce qui se passe ici, bon sang ? »
Milena Fonseca se retourna et vit Linda Carter
à l'entrée de la chambre de Dominic Touretto.
Le médecin écarquilla les yeux, déconcertée par la vision qui
s'offrait à elle. Touretto était nu comme un ver, à genoux, se
massant les testicules d'une main, un stick de déodorant
enfoncé dans le derrière. Fonseca se tenait à ses côtés, son
portable à la main.

« Vous étiez en train de prendre une photo de son cul ?
demanda le docteur Carter. Et qu'est-ce qu'il y a fourré cette
fois ? »

Fonseca lança un regard furieux au médecin.

« Pourquoi m'avez-vous enfermée ? »

Le docteur Carter fronça les sourcils.

« Qu'est-ce que vous racontez ? Je ne vous ai pas enfermée. »

Fonseca montra Dominic Touretto du doigt.

« Il dit que vous avez fermé la porte à clef en partant.

— Et vous l'avez cru ?

— Vous avez fermé à clef ?

— Non. Pourquoi aurais-je fait ça ?

— Parce que vous êtes une patiente, pas un vrai médecin. »

Le docteur Carter leva les sourcils.

« Je ne vous ai laissés que deux minutes et il vous a déjà
rendue folle. Et pourquoi est-ce qu'il est nu ? »

Fonseca respira calmement et essaya de mettre de l'ordre
dans ses idées. Elle repensa au moment où le docteur Carter

avait quitté la pièce un peu plus tôt. Elle ne se rappelait pas l'avoir entendue verrouiller la porte. C'était Touretto qui avait prétendu que le docteur Carter l'avait fermée à clef, mais elle n'avait pas entendu la clef tourner dans la serrure. Le strip-tease de Touretto et sa tentative de viol lui avaient complètement embrouillé l'esprit. Elle n'avait pas eu le temps de réfléchir à ce qui était en train de se passer. Elle était bien trop occupée à penser à se défendre et à lui enfoncer un stick de déodorant dans le cul.

« Elle m'a mis un stick de déodorant dans le cul ! » hurla Touretto.

Fonseca se redressa et lui envoya son pied droit dans l'arrière-train. La pointe de sa chaussure se posa sur le bout du déodorant et le fit disparaître complètement dans son anus.

« Oh MERDE ! » Touretto s'effondra en avant et son crâne s'écrasa contre le sol dans un bruit sourd.

Le docteur Carter se précipita vers Fonseca et l'attrapa par le bras pour l'éloigner de Touretto.

« Vous êtes devenue folle ? cria-t-elle. Qu'est-ce que vous faites ?

– Il a essayé de m'attaquer. Il m'a dit que vous nous aviez enfermés. Il a dit que les patients avaient pris le contrôle de l'asile et que vous étiez l'un d'entre eux, jouant le rôle d'un médecin. »

Le docteur Carter lâcha son bras.

« Je vous avais pourtant prévenue que c'était un manipulateur !

– Je sais, mais pendant quelques minutes, il m'a convaincue. Ça semblait logique.

– C'est ce qui arrive dans cet endroit.

– C'est l'enfer ici, putain. » Fonseca était embarrassée, mais elle se demandait toujours s'il n'y avait pas une pointe de vérité dans ce qu'avait dit Touretto.

« Vous avez regardé mon dossier sur votre téléphone, non ? demanda le docteur Carter. Il doit bien y avoir une photo qui confirmera que je suis bien un médecin et pas une patiente ? »

Fonseca hocha la tête en y repensant.

« Oui. La photo était très vieille. Vous êtes différente aujourd'hui. Et vous vous êtes fait refaire le nez.

– Merci de l'avoir remarqué.

– C'était précisé dans le dossier. »

Carter jeta un coup d'œil derrière Fonseca et vit Touretto, toujours à genoux, le visage contre le sol.

« Je me déplacerais si j'étais vous, agent Fonseca. Il va vous éjaculer sur la jambe. »

Fonseca baissa les yeux. Touretto était en train de se masturber frénétiquement de sa main droite. Et son pénis en érection était pointé droit vers elle. Ce type était vraiment effrayant. Elle se servit une nouvelle fois de son pied droit à bon escient. Cette fois, elle prit plus d'élan et lui balança la pointe de sa chaussure dans la mâchoire. La tête de Touretto partit en arrière, et Fonseca entendit son cou craquer. Le coup de pied le mit KO immédiatement. Ses yeux roulèrent dans ses orbites et sa main glissa de son pénis. Juste à temps apparemment.

Fonseca se tourna vers le docteur Carter.

« Je crois que j'en ai assez vu pour aujourd'hui, merci. »

Le docteur Carter se pencha sur le corps de Dominic Touretto et le mit en position latérale de sécurité.

« Comment vous a-t-il convaincue de le sodomiser avec le déodorant ?

– Il ne m'a convaincue de rien du tout. C'était de l'autodéfense. Je l'ai enfoncé bien profond pour donner une leçon à ce sale violeur.

– D'accord. Mais il y a un problème.

– Quoi ?

– Il adore s'enfoncer des trucs dans le derrière. Vous avez fait exactement ce qu'il voulait. Un de ses fantasmes préférés, c'est d'être soumis à une femme. J'espère que vous ne lui avez pas pressé les testicules.» Elle regarda les testicules de Touretto.

«Vous l'avez fait, n'est-ce pas?

– Il ne m'a pas laissé le choix.

– Bien sûr. Estimez-vous heureuse. Presser ses testicules, ça lui suffit en général. Il demande toujours au personnel féminin de lui donner des coups de pied ou de poing dans les testicules. Et il a demandé à plusieurs reprises un examen anal dans l'espoir qu'on lui enfonce un outil chirurgical dans l'anus.»

Fonseca s'essuya la main sur son tee-shirt.

«Alors il est vraiment fou?»

Le docteur Carter eut l'air surprise.

«Vous êtes dans un hôpital psychiatrique, agent Fonseca. Bien sûr qu'il est fou. Il ne souffre peut-être pas de personnalités multiples comme il en a convaincu le juge et le jury lors de son procès, mais ce qui est sûr, c'est qu'il n'est pas normal. Moi, en revanche, je suis bien médecin.

– Oui. Je m'en rends compte maintenant. Toutes mes excuses.

– Ce n'est rien. Est-ce que vous avez autre chose à lui demander? Ou est-ce que je peux faire venir quelqu'un pour le ranimer et enlever ce déodorant de son anus?» Elle marqua une courte pause avant d'ajouter: «Enfin, pas forcément dans cet ordre.

– Oui, j'ai terminé. Est-ce que vous pourriez demander à quelqu'un de m'appeler un taxi, je vous prie? Je dois me rendre à B Movie Hell pour rejoindre mon coéquipier.

– Certainement. Par ici, je vais vous accompagner à la réception, si vous avez terminé.

– J'aurais une dernière chose à faire en fait.

– Oui?

– J'aimerais me laver les mains deux ou trois fois.

– Bien sûr. Je vais vous conduire à la salle de repos, on a du vrai savon là-bas.»

Le docteur Carter sortit et Fonseca en profita pour examiner une dernière fois la pièce du regard. Voyant que le docteur Carter n'était pas dans les parages, elle donna un dernier coup de pied dans les testicules de Dominic Touretto pour la route, et attrapa son exemplaire d'*Autant en emporte le vent.* Elle n'avait pas le choix, elle devait l'emporter avec elle. Ainsi que la photo de la fille à la tache de naissance bleue glissée à l'intérieur.

28

M unson roula jusqu'au chemin de terre à gauche de la route, qui se trouvait bien à un kilomètre et demi du restaurant, comme l'avait dit Luke, le livreur de chez FedEx. Sa Mercedes quitta la route et s'engagea sur le chemin. Le sol était irrégulier et plein de nids-de-poule, mais ça ne pouvait pas être pire que traverser le champ comme l'avaient fait les policiers. Il suivit le chemin pendant un peu plus d'un kilomètre avant d'apercevoir le cottage sur la gauche.

La voiture de police qu'il avait vue traverser le champ un peu plus tôt était garée devant. Une porte rouge à l'entrée du cottage pendait hors de ses gonds, se balançant lentement au gré du vent. Si c'était bien la maison de Litgo, elle avait visiblement été récemment visitée.

Munson ralentit et se gara à côté de la voiture de police. Il coupa le contact et attendit de voir si quelqu'un passerait sa tête par la porte pour savoir d'où venait le bruit. L'endroit était sinistre et apparemment désert, malgré la porte ouverte et la voiture de police garée devant. Quelque chose n'allait pas. Mais ce n'était pas rare à B Movie Hell. Rien ne semblait vraiment normal dans cette ville. Il sortit sa bouteille de rhum de la poche de sa veste, dévissa le bouchon et but une nouvelle gorgée. Une gorgée de temps en temps ne pouvait pas faire de mal. C'était simplement pour soulager sa gueule de bois. Il se maudit d'avoir bu la veille. S'il avait su qu'on l'enverrait sur le terrain, il serait resté sobre. Enfin, probablement.

Il rangea la bouteille de rhum dans sa veste et sortit son pistolet du holster sous son bras gauche. Il ouvrit la portière et posa le pied sur un chemin de pierre envahi par les mauvaises herbes. Il s'accroupit et se cacha derrière la voiture de police au cas où des problèmes arriveraient. Joey Conrad avait déjà abattu plusieurs flics et Munson n'avait aucune intention de les rejoindre à la morgue. Il jeta un œil par-dessus le coffre de la voiture de police et cria en direction de la porte du cottage.

« Agent Munson, FBI. Y a quelqu'un ? »

La porte continua à se balancer lentement dans le vent, ignorant sa question. Aucune réponse ne provint du cottage. Il cria une nouvelle fois :

« Y a quelqu'un ? Hé ho ? Personne ? »

Toujours rien.

Il sortit de sa cachette, braqua son arme en direction de la porte rouge et s'approcha prudemment. Si quelqu'un à l'intérieur avait une arme pointée sur lui, il serait une cible facile. Mais c'était pour ça qu'il recevait une coquette somme d'argent, mettre sa vie en jeu pour traquer des meurtriers.

Toujours accroupi, il partit en courant vers le cottage, en faisant beaucoup plus de bruit qu'il n'avait prévu. Il s'adossa contre le mur, juste à côté de la porte ouverte, et se prépara à entrer. Mais il se trouva face à un dilemme terrible. D'un côté, il aurait bien avalé une dernière gorgée de rhum, mais, de l'autre, c'était une putain d'idée stupide. Il n'aurait même pas dû être en train d'y penser. Il devait se concentrer sur sa mission.

Il inspira un grand bol d'air et regarda prudemment par la porte, son pistolet armé et prêt à tirer si nécessaire. À l'intérieur, il vit un corps étendu sur le carrelage rouge. Le corps d'un flic. Il entra dans le cottage et se retrouva directement dans la cuisine. *Une cuisine complètement saccagée.*

Avec deux flics morts étendus sur le sol.

L'un gisait sur le dos dans une mare de sang près de la porte. L'autre était étendu quelques mètres plus loin, face contre terre, dans une autre mare de sang. Même s'ils avaient tous les deux été exécutés d'une balle dans la tête, il reconnut les deux flics qui avaient quitté le restaurant pour traverser le champ à toute vitesse jusque chez Litgo.

Munson contourna prudemment les flaques de sang et atteignit une ouverture de l'autre côté de la cuisine. Elle conduisait à un vestibule où gisait un troisième corps, à plat ventre sur une épaisse moquette rouge. Mais celui-là était différent. On ne lui avait pas tiré dessus. Et il portait un costume de Superman ou plutôt, en y regardant de plus près, un costume de Supergirl, complété par une paire de faux seins écrabouillés sous son déguisement.

« Tu dois être Litgo », murmura Munson à l'intention du corps près duquel il se tenait. Le costume de Supergirl était déchiré en plusieurs endroits et couvert de sang. Le sang venait en grande partie d'une plaie béante au cou, dans laquelle était coincé le nœud de la cape de Supergirl. Quelqu'un lui avait tranché la gorge d'une oreille à l'autre. Mais ce n'était pas tout. La gorge tranchée avait apparemment été la dernière blessure, la blessure fatale. Ce type avait souffert pendant un bon moment avant ça. On lui avait coupé plusieurs doigts. Quatre sur une main, deux sur l'autre. Il avait probablement été torturé. Si c'était bien l'œuvre de Joey Conrad (et Munson en était convaincu), pourquoi torturer Litgo ? Et où pouvait bien être la fille qui s'était enfuie à travers le champ ? Était-elle arrivée jusque chez Litgo ? Si oui, où était-elle à présent ? Et où était Joey Conrad ?

Il vérifia toutes les pièces du cottage et ne trouva rien de particulier. Pas d'autres corps, Dieu merci. Pas de tueur, et encore moins de fille enceinte. En revanche, il trouva une mini-bouteille de rhum au doux nom de Rhum Coupe-Gorge. Peut-être une marque locale, c'était en tout cas la première fois qu'il en voyait. Il la glissa dans sa poche avec la ferme intention d'y goûter un peu plus tard.

Il retourna dans la cuisine et se pencha sur l'un des deux policiers morts. Il décrocha le talkie-walkie à la ceinture du type et s'assit sur une des chaises disposées autour de la table. Il y avait plusieurs choses à prendre en compte. Un chaos monstrueux était en train de s'installer à B Movie Hell. Il regarda sa montre. Pincent serait bientôt chez lui, et il fallait absolument que Munson lui parle pour savoir ce que tout ce bordel signifiait. Il y avait beaucoup de questions en suspens. Par exemple, pourquoi Pincent ne pouvait-il pas lui parler depuis le téléphone de son bureau ? Ou le portable de l'agence ? Et quel était le lien entre l'arrivée de Joey Conrad à B Movie Hell et une mystérieuse fille enceinte, une équipe de flics peu serviables, une serveuse au comportement suspect, et un travesti mort dans une maison miteuse perdue au milieu d'un champ ? La serveuse de l'Alaska en savait plus qu'elle ne voulait bien le faire croire, mais elle ne lui dirait rien tant que les flics seraient là. Il devait les éloigner du restaurant. La meilleure façon de faire était de les informer par radio du meurtre de deux officiers chez Litgo.

Essayer de démêler ce casse-tête commençait à lui donner un sérieux mal de crâne, et dans un petit coin de son esprit, il pensait toujours à la mini-bouteille de rhum qu'il avait glissée dans sa poche. Aussi décida-t-il d'en goûter une lichette pour voir ce qu'il valait. Et puis merde, peut-être que ça lui donnerait même un peu d'inspiration ? Il dévissa le bouchon et en but une longue gorgée, descendant presque la moitié de la petite bouteille. Mais le contenu avait un goût infect, rien à voir avec du rhum. Il grimaça et revissa aussitôt le bouchon. Il était temps de transmettre l'information concernant les derniers meurtres. Il tourna un bouton sur le talkie-walkie du flic mort.

« Bonjour, ici Jack Munson du FBI. Je suis à la ferme de Litgo, quelque part dans un champ. » Il sentit soudain son estomac se retourner, comme s'il était sur le point de vomir. Il tenta d'ignorer cette sensation et poursuivit : « Vous avez deux officiers à terre. Je répète, deux officiers à terre. Tous les deux décédés.

L'Iroquois a encore frappé. Litgo, le propriétaire, est mort également. Il a perdu plusieurs doigts, et peut-être été torturé.» La sensation dans son estomac se transforma en une douleur vive et sa voix se durcit. «Les deux policiers ont été exécutés d'une balle dans la tête. Terminé.»

Il balança le talkie-walkie près du corps du policier et se massa l'estomac. La douleur se calmait un peu. Il espérait que tous les flics de la ville débarqueraient chez Litgo pour enquêter. Ça les occuperait pendant quelque temps. Enfin, s'ils n'étaient pas déjà assez occupés. Car les corps commençaient à s'empiler dans toute la ville.

Munson aimait bien l'idée de retourner à l'Alaska Roadside Diner pour questionner une nouvelle fois la serveuse. Il essaya de se rappeler son nom. Carly ? Carey ? Candy ? *Candy, c'était bien ça.* Il obtiendrait peut-être quelques réponses en questionnant Candy sans aucun flic à côté. Elle en savait définitivement plus que ce qu'elle voulait bien laisser croire.

Soudain, son estomac se contracta de nouveau. Et il gargouilla. C'étaient les signes avant-coureurs de brûlures d'estomac, ou peut-être de vomissements. Plutôt des vomissements à vrai dire. Il s'extirpa de la chaise et se précipita vers l'évier de la cuisine, qu'il atteignit juste à temps. Un impressionnant jet de vomi sortit de sa bouche et se répandit sur la vaisselle sale dans l'évier de Litgo. Mais la douleur dans son estomac ne se calma pas pour autant. Il se plia de douleur et posa une main sur le carrelage froid de la cuisine. Qu'est-ce qu'il y avait dans ce putain de rhum ?

29

L e docteur Carter tint sa promesse et appela un taxi pour Milena Fonseca, qui décida de l'attendre dans l'air froid de l'extérieur. Ces quinze minutes étaient particulièrement longues et pénibles, mais elle n'aimait pas beaucoup l'idée de rester dans l'hôpital après ce qui venait de se passer. L'asile de Grimwald était encore plus fou que son nom le suggérait, et le personnel n'était pas plus agréable que les patients. Alors Fonseca attendit à l'extérieur, son exemplaire dérobé d'*Autant en emporte le vent* caché sous sa veste.

L'air était devenu glacial lorsque le taxi arriva enfin. Le conducteur baissa la fenêtre et l'interpella.

« Bonjour. Milena Fonseca ?

– Elle-même. »

Le jeune homme bondit hors de son taxi et s'avança jusqu'à elle pour l'accueillir devant la porte de l'asile.

« Bonjour, je suis Darius de Taxi Vision[1], dit-il. Vous avez des bagages ?

– Non, je n'ai pas séjourné ici, j'étais juste en visite. »

Darius était un homme d'une trentaine d'années au teint olivâtre, vêtu d'un blazer bleu et d'un chapeau assorti, le genre de chapeau que porterait un chauffeur de bus.

« Où dois-je vous conduire ? demanda-t-il.

---

1. Compagnie de taxis dont les chauffeurs sont des robots dans le film *Total Recall*.

– Taxi Vision, hein ? dit Fonseca en serrant à contrecœur la main que lui tendait le chauffeur et en examinant le taxi, qui semblait avoir connu des jours meilleurs.

– Oui, mademoiselle. Où allez-vous ?

– B Movie Hell, je vous prie. Je dois retrouver un ami là-bas. Je ne sais pas encore où exactement, mais je vous le dirai en chemin. »

Darius trotta jusqu'au taxi et lui ouvrit la portière arrière. Elle trouva cet élan de galanterie assez réconfortant après l'incident avec Touretto. Elle entra et referma la portière derrière elle.

Fonseca jeta un dernier regard vers l'asile en sortant l'exemplaire d'*Autant en emporte le vent* de la poche intérieure de sa veste. Elle le posa sur le siège à côté d'elle. Il fallait qu'elle se souvienne de ne plus toucher la photo, qui avait séjourné dans l'anus de Dominic Touretto. Fonseca frissonna lorsque la vision du patient nu comme un ver lui revint en mémoire. Elle ressentit un grand soulagement quand le taxi s'éloigna et s'engagea sur la route principale.

« Il faut combien de temps pour y aller ? demanda-t-elle.

– Une quinzaine de minutes, répondit Darius en lui souriant dans son rétroviseur. Il y a peu de circulation et absolument aucun feu. »

Fonseca décida que ce serait largement suffisant pour lui soutirer quelques informations sur B Movie Hell. Après tout, si un chauffeur de taxi d'une petite ville paumée ne connaissait pas tous les ragots du coin, alors qui ?

Elle se pencha en avant et lui parla à l'oreille d'une voix forte et distincte.

« Vous vivez à B Movie Hell ? demanda-t-elle.

– Depuis toujours.

– Et ça vous plaît ?

– Oui, pourquoi ça ne me plairait pas ? Il y a un vrai esprit de communauté, ici. Tout le monde prend soin de chacun.

– C'est chouette. Toute votre famille vit ici alors ?

– Ouais. C'est pour ça que vous y allez ? Vous rendez visite à quelqu'un ?

– Non, je suis du FBI. Je viens pour le meurtrier qui sévit à Sherwood.

– Ah, lui. Ouais, c'est vraiment horrible ce qui s'est passé. Pete, le policier qu'il a tué et décapité, était dans la même classe que mon frère. Je le connais depuis toujours. Je vais vous dire un truc, j'espère que l'Iroquois voudra faire un tour dans mon taxi un jour. J'aimerais bien être seul avec lui pendant cinq minutes pour lui montrer ce que je pense de lui.

– Je vous le déconseille, dit Milena, en prenant soin de ne pas laisser penser qu'elle connaissait l'identité du tueur masqué. Il est très dangereux apparemment.

– Vous savez déjà qui c'est ?

– Je ne peux pas en parler.

– Pourquoi ?

– On ne peut pas accuser quelqu'un avant d'être sûr à 100 % qu'il s'agit du tueur. Jusqu'à présent, il a toujours porté un masque, alors c'est impossible de l'identifier avec certitude.

– C'est quelqu'un de l'asile ? C'est pour ça que vous étiez là ?

– Non. Je suis passée rendre visite à une amie qui y travaille.

– Qui ça ?

– Le docteur Carter.

– Ah oui, elle est sympa.

– Adorable, oui.

– Alors vous avez déjà une piste ?

– Je n'ai pas le droit d'en parler.

– Allez, dites-moi. Je parie que vous savez déjà qui se cache derrière le masque, hein ?

– Non, mentit Fonseca. Mais pour l'instant, on pense que ce n'est pas quelqu'un de la ville. Comme vous l'avez dit, il y a un vrai esprit de communauté à B Movie Hell. Si le tueur était du coin, vous sauriez déjà de qui il s'agit.

– C'est vrai. D'après les infos, il conduit une vieille voiture de stock-car jaune et rouge qu'il a volée ce matin chez Jackson's Motors. Je vois très bien la voiture dont il s'agit. Si je la vois, on part à sa poursuite, d'accord? »

Fonseca sourit.

« D'accord. »

Elle n'était pas sûre que Darius, derrière ses bravades, souhaite vraiment prendre en chasse et se mesurer au tueur masqué.

« Votre ami Pete, qui a été tué, vous savez s'il avait quelque chose en commun avec les autres victimes?

– Comme quoi?

– N'importe quoi. Est-ce qu'ils avaient la même couleur de cheveux, la même personnalité, adulaient le même sportif? N'importe quoi, vraiment. »

Darius grimaça en réfléchissant à la réponse. En le regardant, Fonseca comprit qu'il n'avait pas inventé la poudre et qu'elle lui en demandait peut-être un peu trop en posant une question aussi vague. Elle semblait beaucoup le perturber.

« Il a tué plusieurs flics maintenant, bredouilla-t-il. Et parmi les civils, il y a Arnold, qui travaillait pour Mellencamp, et Hank Jackson, le vendeur de voitures, qui travaillait pour lui-même. Je sais pas s'ils ont quelque chose en commun. Il y a une autre victime qui était avec les flics qui ont été tués tout à l'heure, mais le type a pas encore été identifié.

– Vous dites qu'Arnold travaillait pour Silvio Mellencamp? Il fait quoi exactement, ce Mellencamp?

– M. Mellencamp, oh, il baigne un peu dans tout. C'est un peu lui qui possède B Movie Hell. C'est lui qui a trouvé le nom de la ville. C'était un producteur de films. Et puis il a emménagé ici et a tout changé.

– Ça ne dérange pas les habitants qu'il ait changé le nom de leur ville?

– Je crois qu'il y a eu un peu de résistance au début, mais quand les gens ont compris qu'il voulait investir pas mal d'argent dans les commerces locaux, ils ont fini par accepter. Ça fait plus de quinze ans maintenant.

– C'est quelqu'un de bien ?

– Ouais. Il emploie la moitié de la ville. Si quelqu'un à B Movie Hell n'a plus de travail, la fondation Mellencamp lui en trouve un. Croyez-moi, si un jour il quitte B Movie Hell, l'économie locale sera fichue. Je veux dire, il possède même une partie de la compagnie de taxis pour laquelle je travaille. C'est lui qui a trouvé le nom, Taxi Vision. Il a aussi dessiné l'uniforme.

– Ça a l'air d'être quelqu'un de très original. Je me demande où il trouve toutes ces idées.

– Je sais pas, dit Darius en haussant les épaules. Quelqu'un m'a dit que Taxi Vision venait d'un film, mais je sais plus lequel.

– Oui, je crois bien. Qu'est-ce que vous savez sur les filles ?

– Les filles ?

– Ouais. Il y a bien un endroit qui s'appelle le Minou Joyeux à B Movie Hell, non ? »

Darius fronça les sourcils et observa Fonseca dans son rétroviseur.

« C'est votre truc, les filles ?

– Non. Je suis curieuse, c'est tout. J'ai entendu dire que Mellencamp possédait le Minou Joyeux.

– Ah, ça j'en sais rien, vous savez, je m'y intéresse pas trop.

– Bien sûr. C'est juste que quelqu'un m'a donné la photo d'une fille qui ressemble à une escort. Vous voulez bien y jeter un œil ? J'aimerais savoir si vous la connaissez, comme vous êtes chauffeur de taxi, vous devez connaître la plupart des femmes de la ville, non ?

– Oui, montrez-moi.

– Elle est dans mon livre, donnez-moi une seconde. »

Elle ouvrit le livre à la page où se trouvait la photo.

« Vous auriez un mouchoir ? demanda-t-elle.

– Bien sûr. Un instant. »

Darius tendit la main vers la boîte à gants et en sortit un mouchoir blanc qu'il tendit à Fonseca.

Elle prit le mouchoir et s'en servit pour sortir la photo du livre et la placer en face du visage de Darius. Son regard quitta la route pendant quelques secondes et il ralentit pour examiner plus attentivement la photo. Il recula légèrement la tête pour mieux voir, et la renifla.

« Cette photo a une odeur bizarre.

– Elle était coincée dans *Autant en emporte le vent*.

– Ah, c'est pour ça qu'elle sent la merde. » Il examina la photo, tout en tordant le nez pour ne pas sentir son odeur nauséabonde. « Qui vous a donné cette photo ?

– Je l'ai eue par une agence matrimoniale.

– Une quoi ?

– Une agence matrimoniale.

– Qu'est-ce que c'est que ça ?

– Vous n'avez pas d'agences matrimoniales à B Movie Hell ?

– Non.

– Laissez tomber. Ça ne fait rien. Vous la reconnaissez ? »

Darius porta de nouveau son attention sur la route. Il ralentit un peu plus. Ils s'approchaient d'un pont dont l'entrée était bloquée par une voiture de police.

« Attendez. Il faut qu'on s'arrête une seconde, dit-il.

– Pour quoi faire ?

– C'est les flics. Ils laissent pas passer n'importe qui. Ce sera pas un problème pour vous, je m'en occupe. »

Il s'arrêta à côté du véhicule de police et baissa sa vitre. Le conducteur, un policier aux cheveux grisonnants, était penché par la fenêtre de la voiture de patrouille.

« Salut, Darius. Qui tu as avec toi ? demanda-t-il.

– Elle est du FBI. Son partenaire est déjà en ville. »

Le policier observa Fonseca par la fenêtre. Il regarda de haut en bas comme s'il la reluquait. Au bout de quelques secondes il lui sourit et fit un signe de tête à Darius.

« Oui, son partenaire est déjà passé. Tu peux y aller.

– Vous ne voulez pas voir mon badge ? demanda Fonseca.

– Nan, répondit le flic en secouant la tête. Vous pouvez y aller, ma p'tite dame. »

Ma p'tite dame ? Fonseca prit une profonde inspiration et résista à l'envie de traiter le flic de *gros tas de merde condescendant.*

Darius le remercia. Ils passèrent devant le panneau BIENVENUE À B MOVIE HELL et continuèrent leur route.

« Alors, vous la connaissez ? demanda Fonseca.

– Qui ?

– La fille sur la photo.

– Non.

– On m'a dit qu'elle travaillait au Minou Joyeux. Vous voulez revoir la photo ?

– Je la connais pas. Y a aucune fille qui ressemble à ça en ville.

– La tache de naissance sur son visage est assez voyante, non ? ajouta Fonseca en regardant à son tour la photo.

– Ouais. Y a aucune fille en ville avec une tache de naissance sur le visage.

– S'il y en avait une... »

Darius laissa échapper un petit rire.

« Écoutez, madame, je dois me concentrer sur la route. Y a pas mal de radars par ici. Je peux pas me permettre de me faire attraper. Si je me fais attraper encore une fois, on me retire mon permis.

– D'accord. » Fonseca s'adossa contre son siège. Darius et elle échangèrent un bref regard dans le rétroviseur avant qu'il ne se concentre de nouveau sur la route.

Maintenant qu'elle était à B Movie Hell, Fonseca jugea qu'il était grand temps de demander des nouvelles de Jack Munson. Elle sortit son téléphone de sa poche et composa le numéro de son coéquipier. Le téléphone sonna pendant un petit moment avant qu'il ne réponde. Il avait l'air à moitié endormi.

« Salut, Milena.

– Salut, Jack, comment ça se passe ?

– Heu, où êtes-vous ?

– Dans un taxi. Sur le pont qui conduit à B Movie Hell. Tout va bien ? Vous avez l'air un peu dans le cirage...

– Ouais. Ça va. J'ai eu pas mal de boulot.

– Vous êtes toujours au restaurant ?

– Nan, je suis déjà parti. Les corps commencent à s'entasser sérieusement ici. Je suis dans une ferme là, à quelques kilomètres.

– D'accord, donnez-moi l'adresse et je vous y retrouve.

– Non, mauvaise idée. Allez directement à l'Alaska Roadside Diner.

– Pourquoi ?

– Parce que j'y serai dans quelques minutes. Essayez de voir ce que la serveuse a à raconter. Elle en sait plus que ce qu'elle veut bien dire.

– Comment ça ? »

Elle entendit un fracas à l'autre bout de la ligne, comme si Munson venait de laisser tomber le téléphone.

« Jack ? Vous êtes toujours là ? »

Elle l'entendit grogner et gémir pendant quelques instants avant qu'il ne réponde.

« Désolé, marmonna-t-il. Est-ce que le chauffeur vous entend ? »

Fonseca jeta un coup d'œil à Darius.

« Probablement, oui. Pourquoi ?

– Soyez prudente. Tous les gens que j'ai croisés jusqu'à présent dans cette ville sont un peu louches. Tout le monde se connaît et ils ne sont pas contents de nous voir.

– D'accord, je m'en souviendrai.

– Vous avez pu apprendre quelque chose d'intéressant à l'hôpital ?

– En fait oui. Je vous en parlerai en arrivant.

– Vous n'êtes pas restée longtemps. Vous êtes sûre d'avoir vu tout ce qu'il y avait à voir ? »

Fonseca regarda Darius pour voir s'il écoutait leur conversation.

« J'ai dû partir un peu précipitamment. Il y a eu un incident assez embarrassant. Je pense qu'il valait mieux pour tout le monde que je parte. »

Munson sembla sortir de sa torpeur.

« Pourquoi ? Que s'est-il passé ?

– Disons que suite à un petit malentendu j'ai dû violer analement un des patients. »

Munson resta silencieux quelques instants avant de répondre.

« Pardon ?

– Pendant que j'interrogeais un des patients, j'ai dû lui enfoncer un stick de déodorant dans le cul pour lui apprendre le respect. Le médecin nous a surpris et, pour être honnête, les choses se sont compliquées ensuite. Je me suis un peu emballée et je suis passée pour une imbécile. »

Il y eut une autre pause assez longue à l'autre bout du fil avant que Munson ne réponde.

« Milena, je commence à vraiment bien vous aimer. Je veux que vous me racontiez tout ça au restaurant. Ça a l'air splendide.

– Merci, répondit-elle en souriant pour la première fois depuis longtemps. Une matinée passée avec vous et je me retrouve à violer un suspect. Vous commencez à déteindre sur moi, je crois.

– Je suis ravi de l'entendre. Vous vous êtes lavé les mains au moins ?

– Cette question est-elle vraiment nécessaire ? »

Munson éclata de rire.

« Vous savez, vous ne pouvez pas dire à tout le monde que vous avez violé un suspect. Vous allez avoir des problèmes.

– Je le garderai pour moi si vous faites de même, Jack.

– Ça pourrait bien devenir une rumeur au bureau. Ces choses-là peuvent devenir assez incontrôlables, dit Munson, lui rappelant qu'elle lui avait fait une remarque similaire un peu plus tôt.

– Et je devrais vivre avec le fait que ma rumeur n'en est en fait pas une. Je ne crois pas que ça puisse devenir plus ridicule que ça ne l'est déjà. »

Munson marqua une pause avant de répondre. Sa voix s'était adoucie.

« Et la rumeur à mon sujet ? Qu'avez-vous entendu ?

– Il paraît que vous avez tiré sur un otage et détruit les preuves. »

Munson marqua une nouvelle pause.

« Le kidnappeur avait son arme braquée sur la fille. Il fallait que je tire. Il lui a tiré dessus. J'ai tiré sur le kidnappeur, une demi-seconde trop tard.

– Et les preuves ont disparu, ajouta Fonseca.

– On se retrouve au restaurant dans quelques minutes, dit Munson, changeant maladroitement de sujet. J'ai juste une ou deux choses à finir ici. »

Lorsque Fonseca l'entendit tirer la chasse d'eau, elle décida qu'il était en effet grand temps de mettre fin à la conversation.

Quelques minutes plus tard, elle arriva à l'Alaska Roadside Diner. Il n'y avait aucun véhicule garé devant. Le lieu semblait désert. Darius se gara au bord du parking.

« Ça fera vingt-cinq dollars », dit-il en la regardant dans le rétroviseur.

Fonseca fouilla dans la poche de sa veste et en sortit plusieurs billets. Elle fit l'appoint et tendit l'argent à Darius.

« Merci, dit-elle. Passez une bonne journée. Et encore désolée pour votre ami Pete.

– Ouais. Bonne journée, mademoiselle. J'espère que vous attraperez l'Iroquois avant que je mette la main dessus.

– J'espère aussi. »

Fonseca sortit du taxi et se dirigea vers l'entrée du restaurant. Depuis son siège, Darius la regarda marcher vers la porte vitrée, qui était déjà ouverte. Elle entra et se dirigea directement vers le comptoir. Darius sortit son téléphone portable de la poche de son pantalon. Il composa un numéro et attendit la tonalité.

Une voix de femme répondit.

« Minou Joyeux, bonjour.

– Salut, Clarisse. C'est Darius. Faut que je parle à M. Mellencamp.

– Il est occupé, Darius, tu sais, avec tout ce qui se passe en ce moment.

– Je comprends bien, dit Darius, mais je viens de conduire une dame du FBI en ville. Et elle a une photo d'une fille avec une tache de naissance sur le visage. Elle pose des questions. » Il marqua une pause avant de reprendre : « Tu vois ce que je veux dire. »

Il y eut un long silence à l'autre bout du fil avant que Clarisse ne réponde. Sa voix était différente.

« Je te transfère immédiatement. »

30

Benny s'arrêta devant le portail électrique à l'entrée de la propriété de Mellencamp. De l'autre côté du portail se trouvait un agent de sécurité barbu et ventripotent en jean bleu et tee-shirt noir. Il reconnut Benny et leva le pouce dans sa direction. Quelques instants plus tard, les portes s'ouvrirent et Benny s'engagea sur le chemin qui conduisait à l'entrée de l'établissement.

Bébé n'avait pas dit un mot depuis qu'il l'avait avertie que Silvio Mellencamp était mécontent d'elle et la tenait pour responsable de la mort d'Arnold Bailey. Elle savait ce que cela signifiait. Cela signifiait qu'elle allait recevoir une bonne raclée. Peut-être pas aussi violente que Benny l'avait suggéré, mais elle avait été punie bien des fois au Minou Joyeux et savait que les punitions étaient toujours sévères.

Elle jeta un coup d'œil par-dessus son épaule par la lunette arrière de la voiture et vit le portail électrique se refermer derrière eux. Son cœur se serra. Quelques heures plus tôt, elle pensait avoir fui ce lieu pour toujours, mais elle était déjà de retour. Elle craignait qu'une nouvelle occasion de s'enfuir ne se présente pas avant plusieurs années. Au bord des larmes, elle sentit sa gorge se serrer à la pensée de ce qui l'attendait entre les murs du manoir.

Benny se gara devant l'entrée.

« On est arrivés, Bébé », dit-il sur un ton enjoué, comme s'il avait oublié les menaces proférées quelques minutes plus tôt.

Bébé ouvrit la portière et sortit. Comme d'habitude, plusieurs agents de sécurité arpentaient le terrain. Ils étaient tous vêtus d'un jean bleu et d'un tee-shirt noir tout simple. Mais suite aux événements récents, Mellencamp avait visiblement décidé de renforcer la sécurité car Bébé ne reconnut pas tous les hommes. Et certains d'entre eux avaient une arme, ce qui était extrêmement rare. Il y avait peu de chance pour que les hommes de Mellencamp soient de bons tireurs. La plupart étaient gras et fainéants mais leur nombre compenserait certainement leurs piètres aptitudes. Si l'Iroquois débarquait chez Mellencamp, il serait reçu comme un roi.

À l'entrée, Mack le Slasher maintenait les portes ouvertes pour eux. Sa silhouette massive remplissait entièrement l'encadrement de la porte. Il avait les bras croisés et son visage était sérieux comme la mort.

«Bienvenue chez toi, Bébé, dit-il.

– Salut», dit Bébé en baissant la tête lorsqu'elle passa devant lui et franchit la porte d'entrée. Elle voulait éviter tout contact visuel avec Mack parce qu'elle ne savait pas à quel point son cas était grave, ni même s'il l'était vraiment. Mais elle s'efforça de tenir son bras blessé pour s'assurer qu'il ne l'attrape pas par là comme il en avait l'habitude lorsqu'il voulait que quelqu'un fasse ce qu'il disait. Benny lui emboîta le pas.

«Salut, Slasher, l'entendit-elle dire. Comment ça se passe?»

Elle ne comprit pas la réponse de Mack car, au moment même où elle pénétra dans le hall d'entrée, un cri strident lui perça les oreilles. Elle reconnut ce cri, et le claquement de talons qui suivit. Chardonnay accourait dans sa direction les bras grands ouverts, habillée en léopard moulant des pieds à la tête. Elle sauta sur Bébé et la serra fort dans ses bras. Bébé passa ses bras autour de son amie et la serra à son tour, malgré la blessure qui la fit grimacer de douleur. La jeune fille était soulagée de sentir qu'elle avait au moins manqué à quelqu'un.

Après l'avoir pratiquement étouffée, Chardonnay finit par la relâcher et recula d'un pas.

« J'étais tellement inquiète. Je veux savoir tout ce qui t'est arrivé ! Où est ta blessure ? »

Bébé leva les sourcils. Chardonnay la regarda de haut en bas. Le sweat-shirt de Bébé était couvert de sang. Il manquait une manche et elle avait un gros bandage blanc autour du bras, juste au-dessus du coude.

« Allez, dis-moi ! ajouta Chardonnay, tout excitée. C'est quel bras ?

– Celui-là », dit Bébé en montrant du doigt son bras bandé.

Chardonnay écarquilla les yeux et ouvrit grand la bouche.

« Sérieux ? demanda-t-elle en manquant de s'étouffer. Ça fait mal ?

– Un peu. Ça m'apprendra à vouloir aller en ville, hein ?

– J'ai quelque chose pour te remonter le moral, dit Chardonnay en l'attrapant par son bras blessé. Viens avec moi. »

Elle entraîna Bébé sur un canapé orange contre le mur.

« Assieds-toi là, dit-elle. Personne ne travaille ce soir, tu sais, à cause du tueur en cavale et tout.

– Qu'est-ce qu'on fait ? s'enquit Bébé en s'asseyant sur le canapé.

– On a la grande télé pour ce soir ! » hurla Chardonnay en tapant des mains comme une otarie sous acide. Elle attrapa la télécommande sur la table basse au milieu de la pièce et alluma l'écran plasma géant avant de s'affaler à côté de Bébé et de se blottir contre elle.

« Qu'est-ce qu'on regarde ? demanda Bébé.

– Bah, *Coyote Girls*, bien sûr ! »

Bébé ne connaissait cet excellent film que depuis la veille, mais elle était tout de même contente de le revoir. Après tout, ça parlait d'une fille qui quittait son boulot dans une pizzeria pour devenir une star à New York. Avec Adam Garcia.

« Bon, dit Chardonnay. Pendant que John Goodman est à l'écran, je veux que tu me racontes tout. »

Tandis que le générique défilait, Bébé commença à régaler Chardonnay du récit de son incroyable journée. Chardonnay écoutait la bouche grande ouverte, l'interrompant occasionnellement d'un «Non, sérieux?!» ou d'un «J'y crois pas!». Le timing de Bébé était parfait puisque lorsque la scène avec John Goodman toucha à sa fin, Chardonnay était au courant de tout.

«Waouh, dit Chardonnay d'un air très envieux. J'aurais aimé que ça m'arrive à moi. T'as tellement de chance!

– Je trouve pas que j'aie de la chance, répondit Bébé en se massant le bras.

– Ne t'inquiète pas pour ça. Le médecin arrive, dit Chardonnay.

– Quel médecin?

– Celui qui va recoudre ton bras et s'occuper de ta grossesse.»

Bébé regarda autour d'elle. Mack et Benny étaient partis dans le bureau de Mellencamp et personne d'important n'était dans les parages. Elle murmura à l'oreille de Chardonnay.

«Je suis pas vraiment enceinte.

– Noooon, sérieux?! hurla Chardonnay.

– Chuuut. Va pas dire ça à tout le monde.»

Chardonnay fronça les sourcils en repensant à la situation.

«Tu ferais bien de garder ça pour toi, dit-elle. Faut pas que le chef soit au courant. Apparemment il dit que c'est ta faute si Arnold a été tué. S'il découvre que tu n'étais même pas enceinte, tu vas avoir de sérieux problèmes.»

L'angoisse que Bébé avait ressentie pendant la plus grande partie de la journée refit soudain surface.

«Avec un peu de chance, le médecin me fera juste faire un test de grossesse. En voyant qu'il est négatif, je dirai que c'était une grossesse nerveuse.

– Je crois pas que le médecin vienne pour te faire faire un test. J'ai entendu Clarisse dire qu'il venait pour un avortement et pour trafiquer tes ovaires, pour qu'on te mette plus jamais en cloque.»

31

andy venait de passer une demi-heure avec une serpillière à la main, à nettoyer le sang sur le sol du restaurant. C'était une tâche assez ingrate et son dos commençait à lui faire mal. Le plus pénible avait été les toilettes pour hommes. Il y avait du sang partout. Sur les murs, le sol, la porte des cabines, et même dans les urinoirs.

Les policiers avaient relevé toutes les preuves dont ils avaient besoin, ce qui se résumait pour eux à jeter un rapide coup d'œil à la scène de crime avant d'aller se goinfrer de donuts et de muffins chipés derrière le comptoir. Ce n'était pas vraiment leur truc à B Movie Hell, les traces d'ADN et ce genre de choses. Ils préféraient travailler à l'ancienne, en faisant confiance à leur instinct et à leurs intuitions. Tout en mangeant des donuts. C'était une méthode qui avait fait ses preuves ces dernières années, mais ils n'avaient jamais été confrontés à une telle situation jusque-là, pas plus que Candy. Elle ne pouvait pas s'empêcher de penser que c'étaient les flics qui auraient dû être en train de nettoyer la scène de crime.

Randall Buckwater et Gary, son nouveau coéquipier, n'avaient même pas pris la peine de l'aider à nettoyer le bordel laissé par l'Iroquois, et elle était presque certaine que la crotte dont la chasse d'eau ne voulait pas venir à bout dans la deuxième cabine des toilettes était un cadeau de Gary.

Elle avait bloqué la porte d'entrée en position ouverte pour laisser rentrer un peu d'air frais et dissiper l'odeur de sang et de merde. Après avoir nettoyé les WC, qui sentaient encore plus mauvais que le reste, elle retourna dans la salle. En arrivant, elle aperçut une femme d'une trentaine d'années, toute vêtue de noir et très élégante, qui examinait les lieux du regard.

« Puis-je vous aider ? demanda Candy.

– Bonjour. Je suis l'agent Fonseca du FBI, répondit la femme en souriant.

– Désolée, nous sommes fermés.

– Je sais, dit Fonseca en piétinant le sol fraîchement nettoyé pour regarder sous les tables et les chaises.

– Qu'est-ce que vous cherchez ?

– Je crois que vous avez déjà rencontré mon partenaire, Jack Munson.

– Ah oui. Oui, il est venu. Je peux voir votre badge, s'il vous plaît ? »

Fonseca fouilla dans la poche de sa veste et en sortit son insigne du FBI. Elle le tendit devant Candy tout en sachant que son geste était complètement inutile puisque la serveuse aurait été bien incapable de distinguer un vrai badge du FBI d'un faux.

« Que puis-je faire pour vous ? », demanda Candy.

Fonseca glissa son badge dans sa poche.

« Mon partenaire m'a dit que vous l'aviez beaucoup aidé en répondant à ses questions tout à l'heure. Ça vous embêterait de me répéter ce que vous lui avez dit ?

– Non, bien sûr. Laissez-moi juste ranger ce seau et cette serpillière et je suis à vous.

– Merci. »

Candy fit glisser ses ustensiles de ménage derrière le comptoir.

« Vous voulez boire quelque chose ? demanda-t-elle.

– Juste un verre d'eau gazeuse, merci », dit Fonseca en s'asseyant sur un tabouret devant le bar. C'était le tabouret sur lequel Arnold était assis avant que l'Iroquois ne passe à l'attaque et ne commence à le découper en morceaux.

« Le dernier qui s'est assis sur ce tabouret s'est fait trancher les doigts », l'informa Candy poliment.

Fonseca regarda le tabouret et la zone alentour.

« Vous avez bien nettoyé, dit-elle en se décalant sur le tabouret suivant.

– Merci. Vous auriez dû voir le carnage dans les toilettes pour hommes. C'était dix fois pire.

– J'imagine. C'est toujours un carnage dans les toilettes pour hommes au FBI, et ça fait des années qu'il n'y a pas eu de meurtres dedans. »

Candy n'était pas familière de l'humour du FBI et ne savait absolument pas si elle devait rire ou non.

« Votre verre d'eau arrive. Je reviens dans une seconde. »

Elle laissa Fonseca au comptoir et fit glisser le seau et la serpillière de l'autre côté du rideau en PVC jusqu'à la cuisine. Elle les posa contre le mur près du gril. La dernière chose dont elle avait besoin présentement, c'était d'un nouvel interrogatoire. Le précédent avec Jack Munson ne s'était pas très bien passé. Reg, le cuistot, était un bien meilleur menteur et elle était nerveuse à l'idée de répondre à des questions sans l'avoir à ses côtés. Malheureusement, il était caché à l'étage. Depuis qu'il avait tiré sur la fille à la tache de naissance, il avait sagement décidé de rester hors du chemin des policiers et du FBI.

Candy se lava les mains dans l'évier en pensant à la meilleure façon de gérer l'interrogatoire de Fonseca. *Fais des réponses courtes!* se dit-elle, en répétant ce conseil encore et encore dans sa tête. Elle retourna dans la salle et trouva Fonseca toujours assise au bar. L'agent du FBI était en train de jouer avec son téléphone portable et ne faisait pas vraiment attention à la serveuse. Candy prit un verre propre et le remplit d'eau gazeuse avant de le poser sur le bar, en face de Fonseca.

« Une eau gazeuse, offerte par la maison.

– Merci, dit Fonseca dont les yeux quittèrent enfin le téléphone pour se poser sur le verre d'eau. Avant que vous ne commenciez à me raconter ce qui s'est passé tout à l'heure, est-ce que vous pourriez jeter un œil à cette photo ? Et me dire si vous reconnaissez cette jeune fille ? »

Elle attrapa une serviette dans le distributeur sur le comptoir et s'en servit pour tenir une petite photo instantanée en face de Candy. C'était la photo d'une jeune femme en sous-vêtements sexy.

« Est-ce que vous l'avez déjà vue ? »

Candy regarda la photo de plus près.

« Je sais pas, dit-elle. Elle me dit rien. Enfin, ce n'est pas une habituée en tout cas. Je le saurais sinon.

– Cette jeune fille a une tache de naissance bleue sur le visage. Est-ce que vous avez déjà vu une fille avec ce genre de tache de naissance dans le coin ? On m'a dit qu'elle travaillait peut-être au Minou Joyeux. Vous connaissez cet endroit ? »

Avant que Candy n'ait le temps de réfléchir à une réponse, le téléphone de la cuisine sonna.

« Je dois répondre. C'est peut-être la police.

– Ils peuvent attendre, dit Fonseca d'un ton cinglant.

– Non. J'ai de la famille et des amis en ville et il y a un tueur en série qui se balade et décapite les gens, alors je vais répondre, que ça vous plaise ou non. »

Elle courut à la cuisine, agréablement surprise par la fermeté de la réponse qu'elle avait donnée à Fonseca, et attrapa le combiné.

« Alaska Roadside Diner bonjour, Candy à l'appareil.

– Passe-moi Reg, répondit une voix masculine d'un ton bourru.

– Il est en haut. Il y a le FBI…

– Je sais. Passe-le-moi. »

Candy reconnut la voix à l'autre bout de la ligne. C'était celle de Mack le Slasher. Il valait mieux éviter de lui chercher des noises. Elle mit sa main sur le combiné et hurla en direction de l'escalier.

« Reg ! Téléphone ! C'est Mack.

– J'arrive ! » hurla Reg à son tour.

Les lattes du plancher grincèrent, une porte s'ouvrit et un pet bruyant résonna avant qu'elle n'entende enfin Reg descendre l'escalier. Il apparut bientôt sur les marches, en chaussons, pantalon de jogging bleu et marcel. Il semblait avoir bu. Il était complètement débraillé et ses yeux étaient injectés de sang. Il se traîna jusqu'à Candy et tendit la main pour attraper le téléphone.

« Qu'est-ce qu'il veut ? » murmura-t-il à Candy lorsqu'elle lui tendit le combiné.

Elle ne répondit pas mais lui lança un regard grave. Le genre de regard qu'il comprendrait, elle le savait. Il soupira bruyamment et parla dans le combiné.

« Salut, Mack. Qu'est-ce… »

Candy n'attendit pas la suite de la conversation. Elle franchit de nouveau le rideau de PVC pour retourner voir Fonseca qui n'avait toujours pas bougé de son tabouret au comptoir. L'agent du FBI tendit son téléphone. Elle lui montrait une autre photo. Cette fois, c'était la photo d'un homme d'une trentaine d'années.

« Cet homme s'appelle Dominic Touretto. Vous l'avez déjà vu ? » demanda-t-elle.

Candy examina la photo. Elle se sentit soulagée de pouvoir dire sans mentir qu'elle ne l'avait jamais vu.

« Il est pas du coin. S'il est déjà venu ici, je m'en souviens pas.

– D'accord. Est-ce que vous diriez que vous connaissez bien tous les clients ?

– Plutôt bien, ouais. On peut pas dire qu'il y ait beaucoup de touristes par ici.

– Et le tueur masqué ce matin ? Vous avez vu son visage ?

– Oui, mais je ne l'ai pas reconnu. C'était la première fois que je le voyais.

– Mais vous l'avez bien vu ?

– Pas vraiment. Quand j'ai pris sa commande, il parlait tout seul, alors j'ai essayé de ne pas le regarder. Il a mis le masque seulement quand il a commencé à découper les gens.

– Mais vous savez à quoi il ressemble sans le masque ?

– Oui. »

Le rideau en PVC s'écarta et Reg sortit de la cuisine. Il tapota l'épaule de Candy.

« Candy, ton ami veut te parler au téléphone », dit-il.

La serveuse se tourna et regarda Reg. Il fit un mouvement de tête en direction de la cuisine.

« T'inquiète, je vais parler à la dame du FBI. Va répondre. »

Candy disparut derrière le rideau. Elle n'avait fait que deux pas en direction du téléphone lorsqu'elle entendit un bruit affreux derrière elle. On aurait dit que quelqu'un était en train de s'étrangler ou de vomir. Elle sortit de la cuisine en courant et ce qu'elle vit l'horrifia. Reg venait d'enfoncer un grand couteau de cuisine dans la gorge de Milena Fonseca.

Candy couvrit sa bouche de la main de peur de vomir. Reg retira le couteau du cou de Fonseca. La lame était couverte de sang, qui coulait sur le sol fraîchement nettoyé. Et encore plus de sang jaillissait d'une plaie béante sous le menton de l'agent du FBI. Alors que Candy s'apprêtait à lui hurler d'arrêter, Reg plongea une nouvelle fois le couteau dans le cou de sa victime. Sa mâchoire inférieure tomba et sa bouche resta grande ouverte, la langue à moitié sortie. Reg retira la lame pour la seconde fois et fit un pas en arrière, écrasant les orteils de Candy. Celle-ci s'écarta et regarda avec horreur les yeux de Milena Fonseca s'éteindre. La vie la quittait peu à peu et elle finit par tomber en avant. Son crâne s'écrasa sur le bar dans un atroce bruit sourd.

Reg se tourna vers Candy.

« Va chercher la serpillière, il faut nettoyer ça, magne-toi ! »

32

ack conduisit Benny dans le bureau de Mellencamp à
l'étage du Minou Joyeux. De son poing gigantesque il
cogna contre la porte avant de crier.

«Benny Stansfield, chef!» N'entendant aucune réponse,
Mack attendit quelques secondes avant de tourner la poignée et
d'ouvrir la porte. Il fit signe à Benny d'entrer. «C'est bon, dit-il.
Il a eu une grosse journée. Il doit être en train de faire la sieste.
Réveille-le, il t'en voudra pas.

– Merci.»

Benny entra et Mack referma la porte derrière lui. Silvio
Mellencamp était derrière son bureau, en train de faire la sieste
comme Mack l'avait prédit. Sa tête reposait contre le dossier de
son fauteuil en cuir noir. Ses yeux étaient fermés et sa bouche
entrouverte. Sa robe de chambre dorée était grande ouverte
mais, heureusement pour Benny, le bas de son corps était caché
par le bureau. Mellencamp ne semblait pas avoir entendu
Benny entrer, ni Mack fermer la porte, alors Benny s'éclaircit
la gorge assez bruyamment dans l'espoir d'attirer son attention.
Mellencamp ne bougea pas d'un poil.

«Monsieur Mellencamp, vous êtes réveillé?» demanda
Benny.

Mellencamp ouvrit lentement un œil, puis l'autre.

«Juste une seconde», dit-il avant de refermer les yeux.

Benny resta debout à attendre. Pendant une vingtaine de
secondes, Mellencamp resta assis derrière son bureau sans
bouger. Ses yeux restèrent fermés et immobiles, à l'exception

d'un tremblement occasionnel. Se réveiller semblait être une tâche bien difficile pour le vieux bonhomme. Sa bouche se ferma lentement et ses lèvres se retroussèrent en un sourire grimaçant. Soudain, il frémit, se redressa et ouvrit les yeux.

« C'est bon, j'ai terminé », dit-il.

Benny s'approcha du bureau d'un pas hésitant. Il s'arrêta brusquement lorsqu'il vit une jeune femme émerger de sous le bureau, à côté de Mellencamp. Elle avait de longs cheveux bruns et une peau marron et crémeuse. Elle était vêtue d'un soutien-gorge noir, d'un string assorti et d'une paire de cuissardes à talons. Elle se dressa à côté de Mellencamp et l'embrassa sur la joue.

« Ce sera tout ? demanda-t-elle.

– Est-ce que tu pourrais juste essuyer la transpiration sur mon front ? »

La jeune femme tira un mouchoir d'une boîte sur le bureau et lui essuya les sourcils.

« C'est mieux ?

– Parfait. »

Elle se tourna vers Benny et sourit.

« Salut, Benny.

– Salut, Jasmine. »

Mellencamp donna une petite tape sur les fesses de Jasmine et la poussa vers la sortie.

« Dis à Selena de venir dans une demi-heure. » Il détourna son regard de ses fesses et sourit à Benny.

« Assieds-toi. »

Benny prit place sur la chaise en face de lui.

« Je vous ai ramené la fille. Elle est en bas, elle regarde un film à la réception.

– Tu parles de Bébé ? Tu l'as ramenée ?

– Ouais. C'est ce que vous vouliez, non ?

– Carrément. Comment elle va ? Ça l'a un peu secouée, non, ce qui est arrivé à Arnold ?

– Ouais, un peu. Elle s'est fait tirer dessus aussi. Reg lui a tiré dans le bras avec son fusil. Ça l'a un peu ralentie. »

Mellencamp hocha la tête.

« Oui, j'ai entendu ça. Ce bon vieux Reg. Il ne rate jamais sa cible, hein ? Je vous dois dix mille dollars à chacun. Vous m'avez sorti d'un sacré pétrin. »

Il fouilla dans un tiroir de son bureau et en sortit une épaisse liasse de billets de cinquante dollars qu'il fit glisser sur le bureau vers Benny.

« Et voici dix pour toi. Ne dépense pas tout d'un coup.

– Je peux prendre l'argent de Reg aussi, si vous voulez.

– Ce sera pas nécessaire. Et puis, je dois garder un peu de liquide pour payer le médecin qui doit arriver.

– Quel médecin ?

– Clarisse a réussi à faire venir le médecin de Lewisville pour s'occuper de Bébé. Ça va me coûter une petite fortune.

– Ah oui, pour soigner sa blessure au bras. Ce n'est pas très grave, vous savez. Je pense qu'elle fait toute une histoire de pas grand-chose.

– Ça, ce n'est pas nouveau. Mais en vérité, j'ai surtout fait venir le médecin pour un avortement. Bébé s'est fait engrosser.

– Ah bon ?

– Ouais, c'est pour ça qu'Arnold la conduisait à Lewisville ce matin. Mais maintenant Arnold est mort et, pour être honnête, je commence à regretter que Reg n'ait pas visé la tête plutôt que le bras. Ça m'aurait évité pas mal d'ennuis.

– Vous auriez dû lui donner plus de dix mille dollars dans ce cas ! répliqua Benny sur le ton de la plaisanterie.

– Je lui donnerai plus que dix mille dans tous les cas. Il vient de tuer un agent du FBI pour moi. »

Benny ne parvint pas à cacher sa surprise.

« Quoi ?

– On a deux agents du FBI en ville.

– Oui, je sais, mais ils sont là pour l'Iroquois, non ? »

Mellencamp souleva le verre de cognac sur son bureau et en but une gorgée.

« C'est ce qu'ils veulent nous faire croire, dit-il en passant sa langue sur ses lèvres. Mais la femme est passée à l'Alaska tout à l'heure. Elle avait une photo de Bébé. Elle a posé des questions à son sujet.

– Non ?!

– Et si. Sales petits fouineurs.

– Et comment il l'a eu, Reg ?

– Il lui a planté un couteau dans la gorge.

– Erf, répondit Benny en grimaçant. Ça a pas dû être facile.

– Pour Reg, si. Il égorge des cochons tout le temps à l'arrière du restaurant. Il sait ce qu'il fait. »

Benny essaya de chasser de son esprit la vision de Reg en train d'égorger des cochons et des agents du FBI.

« Et l'autre agent ? demanda-t-il.

– Il va avoir droit au traitement Corey Feldman. »

Benny fronça les sourcils.

« C'est quoi le traitement Corey Feldman ?

– Il ne quittera jamais B Movie Hell. »

Benny comprit ce que Mellencamp voulait dire. Mais avant qu'il ne puisse donner son avis, le talkie-walkie à sa ceinture grésilla.

« Benny, ramène-toi, c'est O'Grady.

– Excusez-moi un instant », dit Benny. Il décrocha la radio de sa ceinture et parla dans le micro.

« Salut, chef, qu'est-ce qui se passe ?

– L'Iroquois a encore frappé, Benny. Où es-tu ?

– Chez Silvio. Pour le mettre au courant de ce qui se passe.

– Eh bien tu peux lui dire qu'on vient de nous informer que ton pote Litgo est mort, ainsi que les agents Leland Patchett et Hanran Lonnegan. »

Benny n'en croyait pas ses oreilles. Sa gorge devint sèche et son estomac se noua. Il connaissait ces trois personnes. Deux collègues de travail et un ami de longue date. Il parvint à prononcer quelques mots sans vomir.

« C'est quoi, ce bordel ? »

Mellencamp avait entendu tout ce que le commissaire O'Grady venait de dire. Il semblait inquiet, beaucoup plus qu'il ne l'était quelques minutes plus tôt. Il se gratta le menton et essaya de réfléchir.

« L'Iroquois est allé chez Litgo ? demanda-t-il en réfléchissant tout haut. C'est étrange, j'ai parlé à Litgo il y a moins d'une demi-heure. »

La voix d'O'Grady se fit entendre dans un crépitement.

« Salut, Silvio.

– Salut, chef, répondit Mellencamp. Alors qu'est-ce qui se passe encore ?

– L'Iroquois a rendu visite à Litgo. Apparemment il l'a torturé avant de le tuer. Patchett et Lonnegan ont dû arriver et le surprendre parce qu'ils sont morts tous les deux. J'ai envoyé des hommes chez Litgo pour confirmer. Mais je pense que c'est vrai parce qu'on n'arrive à joindre ni Litgo, ni Patchett, ni Lonnegan. Et on n'a aucune raison de penser que le type du FBI ment. »

Mellencamp tendit la main de l'autre côté du bureau et arracha le talkie-walkie de la main de Benny. Il parla dans le micro, en postillonnant un peu de cognac dessus.

« Le type du FBI est chez Litgo en ce moment ? demanda-t-il.

– Ouais, je pense. J'ai envoyé deux unités pour voir ce qui se passe. On serait arrivés plus tôt si la matinée n'avait pas été aussi agitée. Mes hommes tombent comme des mouches. »

Mellencamp jura en silence.

« Ce type du FBI, il sait quelque chose ?

– Comme quoi ?

– Comme ce qui se passe dans mon établissement ?

– Non. Mais je ne lui ai même pas encore parlé. Tout ce que je sais, c'est qu'il a débarqué chez Litgo et trouvé les derniers morts en date. Ensuite il a passé un appel avec le talkie de Patchett. »

Mellencamp inspira une grande bouffée d'air et approcha la radio de sa bouche.

« Chef, ce type du FBI, Munson là, on peut pas le laisser quitter la ville.

– Quoi ? Pourquoi ça ?

– Je crois qu'il vient pour Bébé. »

Benny remarqua que Mellencamp n'arrêtait pas de cracher dans son talkie-walkie en parlant. Il faudrait qu'il pense à le nettoyer un coup avant de s'en servir.

O'Grady répondit :

« Non, je crois pas, Silvio. Le FBI est là pour l'Iroquois.

– Alors dis-moi pourquoi sa partenaire a débarqué à l'Alaska avec une photo de Bébé, en posant plein de questions.

– Ah.

– Oui, ah. Ce type ne peut pas quitter la ville. Il faut l'éliminer. On s'est déjà occupé de sa partenaire. Quand tes hommes seront chez Litgo, dis-leur de s'occuper de lui, s'il est toujours là.

– Tu veux dire le tuer ?

– Oui.

– C'est un peu exagéré, non ? demanda O'Grady.

– Non. Il faut prendre aucun risque.

– Mais ça veut dire que d'autres agents du FBI vont débarquer ? Ils laisseront jamais passer ça. Ils vont arriver par centaines pour savoir ce qui est arrivé à leurs collègues. »

Mellencamp éclata de rire.

« Ça m'étonnerait. Je doute fort que ces agents soient là en mission officielle. Le seul qui saura qu'ils sont ici, c'est le clown qui les a envoyés.

– Comment peux-tu en être sûr ?

– Fais-moi confiance. Débarrasse-toi juste de ce Munson. Et brûle le corps. Terminé. »

Mellencamp éteignit la radio et la rendit à Benny.

« On ne dit plus vraiment "terminé" de nos jours, Silvio », dit Benny en récupérant le talkie-walkie.

Celui-ci l'ignora.

« Putain de FBI, dit-il en réfléchissant tout haut, son verre de cognac à la main. Je pensais qu'on en avait fini avec ces conneries. »

Benny sentit que Mellencamp réagissait de manière quelque peu excessive et semblait légèrement paranoïaque.

« C'est le meurtre de Pete Neville hier soir qui les a attirés ici. Peut-être qu'ils posent des questions sur Bébé parce qu'elle était avec Arnold quand il a été tué ?

– Possible, mais ce serait une putain de coïncidence.

– Alors est-ce que je dois emmener Bébé ailleurs ? La mettre en sécurité ? »

Mellencamp fit non de la tête.

« C'est trop risqué. Un des avantages d'avoir l'Iroquois en ville, c'est que j'ai renforcé la sécurité. Il n'y a pas d'endroit plus sûr qu'ici. Mais il faut qu'on se débarrasse de ce Munson avant qu'il ne contacte son chef et que ce clown n'envoie d'autres agents.

– Quel clown ? demanda Benny en fronçant les sourcils. De qui est-ce que vous parlez ?

– Devon Pincent. Je parie qu'il est derrière tout ça.

– Devon Pincent ? répéta Benny en se redressant sur sa chaise. C'est bien la personne à laquelle je pense ?

– Ouais. Ce fils de pute. »

33

L a mini-bouteille de Rhum Coupe-Gorge avait eu un effet diabolique sur les intestins de Jack Munson. Après avoir vomi dans l'évier de Litgo et s'être effondré sur le sol, il s'était traîné jusqu'à la salle de bains de l'autre côté du cottage. Il avait passé quinze nouvelles minutes à vomir dans les toilettes avant de se reprendre. Au milieu de tout ça, il avait reçu un appel de Milena Fonseca et avait convenu de la retrouver à l'Alaska.

Il nettoya quelques restes de vomi en se passant un peu d'eau sur le visage. Il n'arrivait pas à savoir s'il avait simplement trop bu ou s'il y avait autre chose que du rhum dans la bouteille de Coupe-Gorge. À moins que ce ne soit juste le stress d'être de nouveau en mission. Il se souvint aussi que le livreur FedEx au restaurant l'avait mis en garde contre les pièges que Litgo laissait pour attraper les intrus. Le rhum était-il empoisonné ? Dans tous les cas, il avait déjà perdu beaucoup de temps et ne pouvait pas se permettre d'en perdre plus à réfléchir aux causes possibles de son état soudain. Il se sentait étourdi et aurait bien eu besoin de s'allonger un peu, mais ce n'était pas vraiment le moment. Il avait transmis aux flics la nouvelle du meurtre de Litgo avec la ferme intention de disparaître avant leur arrivée. Il aurait déjà dû être parti depuis longtemps.

Sans traîner, il retourna à sa voiture, toujours un peu patraque. Il grimpa à l'intérieur et se regarda dans le rétroviseur. Il avait une petite mine et ne semblait guère en état de retourner bosser. Il était grand temps de laisser sa bouteille de rhum tranquille et d'affronter la gueule de bois qu'il essayait de contrer depuis le début de la journée.

Il alluma le moteur et recula jusqu'au chemin de terre. Il était trop tard pour partir par là où il était arrivé. Le son des sirènes lui indiqua que les flics étaient en route. Il suivit un chemin de terre qui passait devant la maison de Litgo dans l'espoir de rejoindre la route principale. Malheureusement, ce chemin était en fait un sacré détour qui l'éloigna encore plus de son point de rendez-vous avec Fonseca à l'Alaska. Quand il retrouva la route principale et roula jusqu'au restaurant, il avait perdu près d'une demi-heure. Et sa voiture, qui émettait des bruits étranges, penchait dangereusement vers la droite.

Il se gara sur le parking du restaurant, aussi près de l'entrée que possible. Le lieu semblait désert. Il n'y avait aucun client en vue et tous les flics qui occupaient les lieux un peu plus tôt étaient partis depuis longtemps.

Il resta assis pendant quelques instants dans sa voiture, le temps de récupérer un peu. Il regarda par le pare-brise pour essayer de repérer Fonseca. Elle était censée le rejoindre au restaurant. Il était sûr que c'était ce dont ils avaient convenu. Ou peut-être le rhum lui jouait-il des tours. Où était-elle, bon sang ? Il sentit qu'il émanait de lui un mélange d'effluves de vomi et d'alcool. Impossible de le cacher. Fonseca n'approuverait pas. D'un autre côté, il n'approuvait pas le fait qu'elle n'était pas là où elle était censée être.

Il sortit de la voiture et marcha jusqu'à l'entrée du restaurant. Il tira sur la poignée de la porte vitrée, qui ne bougea pas. Cette putain de porte était verrouillée de l'intérieur.

Il regarda à travers la vitre. Mais il n'y avait aucun mouvement, pas même un cafard égaré. Il cogna contre la vitre dans l'espoir d'attirer l'attention de quelqu'un. À son plus grand soulagement, quelques secondes plus tard, Candy la serveuse apparut derrière le rideau en PVC de la cuisine. Mais elle se figea lorsqu'elle aperçut Munson. Elle ne semblait pas vraiment ravie de le voir. Elle montra du doigt le panneau au-dessus de sa tête. Il indiquait «fermé». Puis elle articula les mots «Nous sommes fermés» pour être bien sûre qu'il comprenne.

Munson hurla à travers la porte.

«J'en ai rien à foutre. Ouvrez la porte, putain! Faut que j'aille pisser!»

Candy sembla réfléchir aux différentes possibilités qui s'offraient à elle avant d'articuler les mots «Fait chier» et de se diriger vers la porte. Elle la déverrouilla.

«Nous sommes fermés vous savez, dit-elle.

– J'ai bien compris.

– Qu'est-ce que vous voulez?

– J'ai rendez-vous ici avec ma coéquipière, Milena Fonseca. Vous l'avez vue?

– Non.

– Dans ce cas, je prendrais bien un café en l'attendant.»

Avant que la serveuse n'ait le temps de refuser, Munson poussa la porte et la bouscula pour passer. Il prit place au comptoir.

«Noir, deux sucres.

– Je croyais que vous aviez besoin d'aller aux toilettes?

– J'irai plus tard.

– D'accord. C'est de l'instantané, j'espère que ça ira.

– Non. Faites-en du vrai.

– Je viens de faire la vaisselle.

– J'en ai rien à foutre. Je suis un peu barbouillé, alors il me faut du bon café. Faites-m'en une tasse et ensuite nous pourrons parler de ce que vous savez au sujet de la fille qui était là tout à l'heure.

– Quelle fille?

– Ne recommencez pas avec vos salades. Je parle de la fille qui était avec Arnold quand il s'est fait découper. La fille qui a traversé le champ pour aller chez Litgo et qui a maintenant disparu.

– Ah, elle.

– Ouais, elle. »

Candy attrapa un pot de café sur une étagère derrière elle. Elle l'ouvrit et versa le café dans la machine.

« Je vous ai dit tout ce que je savais sur elle, c'est-à-dire pas grand-chose, dit-elle en évitant le regard de Munson.

– Candy, dit Munson, son estomac grondant presque assez fort pour couvrir sa voix. Regardez-moi. »

La serveuse referma le pot de café et le posa sur l'étagère. Elle se tourna et regarda Munson comme il lui avait demandé.

Il s'assura d'avoir toute son attention et plongea son regard menaçant dans le sien.

« Si vous ne coopérez pas, dit-il en bougeant à peine les lèvres, si vous essayez de me prendre pour un con, je ferai fermer votre petit resto de merde. Pas pour une semaine, mais pour de bon. Et si vous savez quoi que ce soit sur cette fille et que je découvre que vous avez décidé de ne pas partager ces informations avec moi, vous pourrez dire adieu à B Movie Hell, car vous rentrerez directement au QG avec moi.

– Je comprends », dit Candy. Elle attrapa un pichet d'eau sous le comptoir et ouvrit le couvercle de la machine à café. Elle commença à verser l'eau. Elle semblait tout d'un coup très sereine. Munson n'arrivait pas à savoir si son assurance était feinte ou non. « Le café sera prêt dans cinq minutes, dit-elle.

– Parfait. Donnez-moi un muffin aussi. Je crève de faim.

– Certainement, monsieur. »

Candy disparut dans la cuisine. Munson sentait qu'elle savait qu'il était soit malade, soit bourré. C'était peut-être pour ça qu'elle était moins nerveuse. Elle pensait pouvoir se montrer plus maligne que lui. *Salope.* Son humeur s'assombrissait sérieusement. La boisson et la nausée lui faisaient faire des choses qu'il n'aurait pas dû faire, il en était conscient. Il commençait à perdre patience. C'était dans ces moments-là qu'il valait mieux

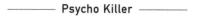

pour lui qu'il reste aussi loin que possible des gens. Parce que quand il avait une telle gueule de bois, il ne supportait personne. Il sortit son téléphone de sa poche. Il était énervé que Fonseca ne soit pas encore arrivée. Il ne pouvait pas quitter le restaurant sans elle car elle n'avait aucun moyen de transport. Il composa son numéro et garda les yeux fixés sur l'écran, qui afficha un téléphone en train de sonner pour montrer qu'il était mis en contact avec Fonseca.

Une demi-seconde plus tard, il entendit les Backstreet Boys brailler derrière le rideau de la cuisine. Il reconnut la sonnerie de Fonseca. Et la voix de Candy, qui étouffa immédiatement un juron.

34

Bébé aimait tellement *Coyote Girls* qu'elle avait réussi à mettre ses soucis de côté, pour quelques instants en tout cas. Mais, à la moitié du film environ, une scène géniale où Piper Perabo et Adam Garcia sont assis sur le capot de sa voiture et regardent les étoiles, Mack descendit l'escalier en courant.

Il claqua des doigts.

« Bébé. Debout ! »

Chardonnay hurla à son intention.

« Tu vois pas qu'on regarde un film ?

– Ferme ta gueule, sale petite traînée !

– Traînée ?

– Ouais. TRAÎNÉE ! »

Mack n'était clairement pas d'humeur à supporter plus d'impertinence, ce que Bébé comprit très vite. Elle bondit hors du canapé.

« Qu'est-ce qui se passe ? demanda-t-elle.

– Tu viens avec moi », grogna Mack.

Il se précipita vers elle et l'attrapa fermement par son bras blessé.

« Tu descends. Je t'accompagne à ta chambre. Ordres de Silvio. Après une journée comme ça, la dernière chose que tu devrais être en train de faire, c'est rire et blaguer devant des films de merde sur la grande télé. » Il regarda Chardonnay qui lui faisait des grimaces. « Toi ! Éteins cette putain de télé ! »

Chardonnay n'aimait pas beaucoup qu'on lui donne des ordres, alors elle prit la télécommande et fit avance rapide jusqu'une de ses scènes préférées. Ce qui ne fut pas du goût de Mack.

« Je vais encore enfoncer cette putain de télécommande dans ton cul si tu fais pas ce que je te dis ! » hurla-t-il.

Chardonnay mit le DVD en pause et croisa les bras d'un air boudeur. Mack traîna Bébé hors du canapé et envoya un dernier avertissement à Chardonnay.

« Si j'entends encore ce putain de "Can't fight the moonlight" en partant, je reviens et je te promets que tu ne pourras plus marcher pendant une semaine quand j'en aurai fini avec toi. »

Il tira violemment Bébé par le bras et la traîna jusqu'à l'escalier qui conduisait aux chambres des filles. Ils croisèrent plusieurs pensionnaires en chemin. Aucune n'osa les regarder ni prononcer un mot. C'était comme si tout le monde savait ce qui attendait Bébé.

Comme Bébé n'avait vu aucun médecin arriver au Minou Joyeux, elle craignait qu'il ne s'agisse d'autre chose. Mack avait certainement prévu quelque chose de très pénible. Les autres filles le savaient. Bébé reconnut l'expression sur leur visage. Une expression qui signifiait qu'elle avait des problèmes et qu'elles priaient toutes pour que sa vie ne soit pas en danger.

Lorsqu'ils arrivèrent devant la chambre de Bébé, Mack ouvrit la porte et la poussa à l'intérieur. Elle était soulagée qu'il ait enfin lâché son bras. Il l'avait tenue si fort qu'il avait laissé l'empreinte de sa main sur sa peau. Sur le mauvais bras, en plus ! Elle avait émis quelques gémissements pour montrer à quel point il lui faisait mal, mais il les avait ignorés, et elle savait qu'il ne fallait pas en faire trop, ça ne ferait que l'encourager à serrer plus fort, ce salaud sans cœur.

Elle s'assit sur son lit et garda les yeux fixés sur ses pieds, priant pour que Mack ait juste l'intention de la laisser seule dans sa chambre pour réfléchir à tout ça. Malheureusement,

Mack avait d'autres plans. Il ne partait pas. Il ferma la porte derrière lui, à clef.

« Je suis désolé pour tout ça, Bébé, dit-il, mais c'est les ordres de M. Mellencamp. »

Bébé déglutit bruyamment et massa une nouvelle fois son bras blessé pour lui rappeler qu'elle était déjà très vulnérable.

« Qu'est-ce qui se passe ? demanda-t-elle.

– Déshabille-toi.

– Pourquoi ?

– Parce que je le dis.

– Et le médecin ? Il vient vraiment ce soir ? »

Mack inspira bruyamment.

« Je n'aime pas avoir à demander deux fois. Alors déshabille-toi.

– Mais...

– Maintenant ! »

Bébé se pencha pour défaire ses lacets. Elle essaya de n'utiliser que sa main gauche pour ménager son bras droit, qui était toujours très douloureux et engourdi à cause de la perte de sang, mais ses efforts étaient un peu maladroits.

« Allez, dépêche-toi ! lança Mack.

– C'est difficile. J'ai mal au bras. On m'a tiré dessus, tu sais.

– D'accord. Je vais t'aider. »

Il s'avança et lui poussa la tête en arrière.

« Aïe, doucement ! » cria-t-elle.

Il n'en fallait pas plus pour le mettre en rogne. Il poussa Bébé et sa tête s'enfonça dans l'oreiller.

« Allonge-toi. Et reste tranquille », dit-il.

Il alla au bout du lit et attrapa ses baskets, une dans chaque main. Il ne prit pas la peine d'enlever les lacets. À la place, il tira brutalement dessus et les laissa tomber sur le sol.

« Tu peux lever les bras ? demanda-t-il.

– Seulement le gauche. »

Mack se pencha et attrapa le sweat-shirt de Bébé. D'un mouvement brusque et maladroit, il le passa par-dessus la tête de la jeune fille et sortit son bras gauche de sa manche. L'autre manche étant déjà arrachée, il n'eut pas besoin de trop la malmener. Il balança le sweat-shirt contre le mur à l'autre bout de la chambre. Bébé ne portait plus qu'un soutien-gorge et un jean.

« Tu peux continuer toute seule ? demanda-t-il sèchement.

– Oui. Mais pourquoi ?

– Parce que je le dis. »

Bébé commença à déboutonner son jean. Là encore, ses efforts d'une seule main étaient assez maladroits. Elle ne réussit à enlever que deux boutons avant que Mack ne perde de nouveau patience.

« Enlève ton soutien-gorge, dit-il d'un ton ferme.

– Ça va pas être facile, dit-elle. Mon bras devrait être en écharpe, tu sais. »

Mack se jeta sur elle et l'attrapa par la gorge. Il la souleva du lit d'une main, en serrant si fort qu'il faillit l'étrangler. De l'autre main, il arracha son soutien-gorge. Il le jeta par terre avant de la balancer sur le lit pour lui arracher son jean, dans un mouvement si violent qu'il faillit la tirer hors du lit. Sa culotte se baissa un peu et avant qu'elle n'ait le temps de la remettre en place, il l'avait arrachée aussi. Il grimpa à genoux sur le lit, se dressa devant elle et plaça sa main autour de sa gorge. Quand il fut sûr qu'elle ne pouvait pas bouger, il fouilla dans sa table de nuit et sortit quelque chose du premier tiroir.

« Ça ne prendra qu'une minute, dit-il. Et ça sera plus facile si tu te laisses faire. »

35

Dès que Munson entendit la chanson des Backstreet Boys, il se précipita derrière le comptoir et franchit le rideau de PVC jusqu'à la cuisine. Les effets du rhum et des vomissements disparurent, pendant quelques instants en tout cas. Entendre chanter les Backstreet Boys l'avait fait instantanément dessaouler. Quelque chose n'allait pas. Et cette salope de serveuse ne voulait rien lâcher. Candy se tenait devant une table au milieu de la pièce, une expression de culpabilité gravée sur le visage. La chanson des Backstreet Boys provenait d'un téléphone portable posé sur la table derrière elle. Le téléphone de Milena Fonseca.

«Donnez-moi ce foutu téléphone», dit Munson.

Candy s'écarta. Munson regarda son portable dans sa main. L'écran indiquait qu'il était en train d'appeler Milena Fonseca. Il termina l'appel.

Et les Backstreet Boys arrêtèrent de chanter.

Il glissa son téléphone dans sa poche et lança un regard noir à Candy. D'instinct, elle leva les mains pour se défendre. Munson la bouscula d'un coup d'épaule et attrapa le téléphone de Fonseca sur la table. Son œil fut tout de suite attiré par quelques gouttes de sang sur l'écran.

«Où est ma partenaire, Milena Fonseca?» demanda-t-il furieusement.

Candy avala sa salive.

«Je sais pas de quoi vous parlez.

– Vous savez très bien de quoi je parle, bordel! C'est *son télé-phone*. Et il y a du sang dessus. Si vous ne me dites pas où elle se trouve et ce qui lui est arrivé, dans approximativement cinq secondes, il y aura aussi votre sang dessus. »

Candy n'attendit pas qu'il commence à compter.

« Elle est avec Reg.

– C'est qui, ce Reg?

– Le chef cuisinier. Il travaille ici. Elle saignait du nez, alors il l'a conduite à l'hôpital. »

Munson tendit sa main droite vers son épaule gauche et balança le revers de sa main dans le visage de Candy. Même s'il n'était pas au meilleur de sa forme, il était encore capable de balancer une claque du revers de la main et avait l'esprit assez vif pour prendre une serveuse par surprise. Sa main s'écrasa contre la joue de Candy dont la tête partit violemment en arrière. Le coup la déséquilibra, et elle tituba à reculons jusqu'au gril. Elle réussit à s'y agripper pour ne pas s'effondrer au sol.

« Qu'est-ce que vous faites? cria-t-elle, son regard révélant soudain une terreur nouvelle. Vous êtes un agent du FBI, vous pouvez pas frapper une femme comme ça!

– Je suis des années 1970. Je peux faire bien pire, je vous assure. »

Munson espéra de tout cœur ne pas devoir faire pire. Il ne voulait pas la frapper, mais il manquait de temps. Il lui fallait des réponses, et vite. Il reconnut tout de suite l'effet de ses menaces sur le visage de Candy. Elle se demandait jusqu'où il irait pour obtenir les informations qu'il souhaitait, si elle pourrait supporter un autre coup, et où est-ce que le coup atterrirait cette fois.

« Je n'ai rien à voir avec ça », finit-elle par lâcher. Elle se redressa et s'appuya sur le gril.

« Avec quoi?

– Ça a dégénéré. Elle a attaqué Reg... »

Munson entra dans son espace vital et l'attrapa par la gorge. Il ne serra pas, mais il fit en sorte qu'elle soit consciente de la menace.

« Je jure que si le prochain mot qui sort de votre bouche est un mensonge, ou simplement une vérité qui sonne comme un mensonge, je vous ferai cracher jusqu'à la dernière de vos dents. Alors réfléchissez bien. Qu'est-il arrivé à ma partenaire ? Est-ce qu'elle est vivante ? »

Candy était bien trop effrayée pour comprendre que c'était une menace en l'air. Quelques années plus tôt, Munson aurait pu être sérieux, il aurait pu utiliser la violence pour lui soutirer des informations, mais cette époque était révolue. Il commençait à se rendre compte qu'il n'aimait plus autant la violence de son travail que lorsqu'il était jeune. Il voulait simplement qu'elle réponde à ses questions.

Des larmes commencèrent à couler sur le visage de la serveuse. La joue où il l'avait frappée était écarlate. Elle regarda les mains qui lui enserraient la gorge et secoua la tête.

« Non. Elle est morte », dit-elle en sanglotant.

Munson sentit l'air quitter ses poumons. Il lâcha la gorge de Candy et recula d'un pas. Ses épaules s'affaissèrent et son cœur se serra. Les mots « *Elle est morte* » résonnèrent dans sa tête.

« Qui l'a tuée ? Vous ou Reg ?

– Reg. »

Candy semblait terrifiée à l'idée de ce qu'il pourrait lui faire s'il lui en prenait l'envie. Mais elle était encore plus terrifiée par ce qu'il pourrait faire si elle ne disait pas la vérité.

« Comment est-elle morte ? demanda Munson. Qu'est-ce que Reg lui a fait ? »

Candy regarda ses pieds. Elle sanglota encore, ses gémissements devenant de plus en plus bruyants et hystériques, ce qui ne manqua pas d'énerver Munson. Mais avant qu'il n'ait le temps de proférer d'autres menaces, elle bafouilla une réponse.

« Il lui a tranché la gorge, c'était horrible. »

Munson ferma les yeux et visualisa le meurtre de Fonseca. Pas parce qu'il le voulait, mais parce qu'il ne pouvait pas penser à autre chose. Sa mort aurait pu être évitée. S'il ne s'était pas bourré la gueule et s'il n'avait pas été coincé dans les toilettes de chez Litgo, il ne serait pas arrivé si tard. Il aurait été là pour s'occuper de Reg quand Fonseca avait besoin de lui. Il commençait à l'apprécier. Elle avait de l'esprit, et le sens du devoir patriotique. Il frissonna en repensant à son meurtre. Elle était morte seule dans un fast-food pourri, loin de sa famille et de ses amis, dans ce trou paumé tout droit sorti d'un film de série B.

Il ouvrit les yeux. La vision du meurtre de Fonseca l'aida à dessaouler encore un peu, mais décupla sa colère. Il avait des choses sérieuses à gérer. Des décisions à prendre. Que faire de Candy par exemple ?

« Pourquoi Reg a tué Fonseca ? Qu'est-ce qu'elle a fait de mal ? Qu'est-ce qui l'a poussé à faire ça ? »

Candy détourna le regard et Munson sentit qu'elle ne voulait pas répondre. Alors il l'attrapa de nouveau par la gorge, en serrant un peu cette fois. De la morve coulait de son nez et son visage était couvert de larmes. Il fut écœuré de voir qu'elle s'apitoyait sur son sort.

« Je pourrais avoir un mouchoir ? » demanda-t-elle en sanglotant, tressaillant à l'idée qu'il puisse se remettre à la frapper ou accentuer la pression sur sa gorge. Munson aperçut un rouleau d'essuie-tout sur le buffet. Il relâcha le cou de la serveuse et en attrapa deux feuilles qu'il lui tendit sans dire un mot. Elle lui arracha des mains et s'essuya le nez et le visage avec. Et elle profita d'être enfin libre de ses mouvements pour glisser par terre et s'asseoir contre le gril.

Munson ramassa le téléphone de Fonseca sur la table et regarda l'écran. La vue du sang de sa coéquipière lui remit en tête l'image du meurtre. Il prit une feuille d'essuie-tout et nettoya l'écran.

Le sang partit facilement et la pression de ses doigts fit s'allumer l'écran. Le téléphone de Fonseca quitta le mode veille et la photo d'un individu d'une trentaine d'années s'afficha. Un type assez laid. Munson plissa les yeux pour mieux voir.

« C'est qui, ça ? » marmonna-t-il.

Candy renifla et regarda l'état de l'essuie-tout qu'elle avait à la main.

« C'est la fille dont vous parliez », dit-elle.

Il regarda Candy et fronça les sourcils.

« Hein ?

– C'est pour ça que Reg l'a tuée. Elle avait une photo de la fille. »

Pour la énième fois de la journée, Munson regretta d'avoir bu autant de rhum. Ce qu'il avait devant les yeux était la photo d'un homme, pas d'une fille. Il glissa son doigt sur l'écran du téléphone. Une autre photo apparut. Celle d'une fille avec une tache de naissance bleue sur le visage. Munson sentit une migraine se profiler. Il se massa le front et examina la photo. Puis il regarda Candy. Elle semblait terrifiée, comme si elle était convaincue qu'il allait la tuer. Mais il ne s'occupait plus d'elle. C'était la fille de la photo qui lui donnait la migraine. C'était quoi, tout ce bordel avec cette fille ?

Il mit plus de temps à trouver la réponse qu'il n'aurait dû mais, quand il la trouva enfin, il sentit ses jambes se dérober.

« Oh MERDE ! laissa-t-il échapper tout haut. Pincent, dans quoi tu m'as embarqué, *putain* ! »

36

Silvio Mellencamp avait abandonné tout espoir de pouvoir s'habiller. Il resterait en robe de chambre dorée pour le reste de la journée. Il n'y avait aucun intérêt à se changer maintenant. Sa journée n'avait été qu'une série d'interruptions. Tellement d'interruptions en vérité qu'il n'avait eu le temps d'organiser que trois fellations dans sa journée. Il rêvait d'une quatrième, mais il craignait que son emploi du temps de la soirée ne le prive d'un tel plaisir.

Il se versa un grand verre de cognac et resta assis en attendant la prochaine personne qui frapperait à sa porte. Sa réceptionniste l'avait informé que cette personne arriverait d'un moment à l'autre. Et c'était il y a déjà une minute. Il compta à partir de dix dans sa tête. Il n'était arrivé qu'à sept lorsqu'il entendit deux coups puissants à la porte.

« Entre, Reg ! » cria-t-il.

La porte s'ouvrit et Reg, le cuisinier de l'Alaska Roadside Diner et fidèle ami de Mellencamp, entra. Il portait un bas de jogging bleu et un marcel blanc sale. Son front transpirait abondamment et il semblait un peu essoufflé.

« Salut, Silvio, dit-il avec un sourire épuisé.

— Salut, Reg. Ça fait plaisir de te voir. Comment ça se passe ?

— Ça a été une putain de journée, répondit-il dans un long soupir.

— M'en parle pas. Je suis toujours en robe de chambre, bordel ! Assieds-toi. Raconte-moi ce qui t'est arrivé. »

Reg tira la chaise en face du bureau et s'affala dessus en soupirant bruyamment.

« Tes escaliers ont failli me tuer », dit-il en haletant.

Mellencamp sourit et tendit la main vers le tiroir de son bureau. Il en sortit deux grosses liasses de billets de vingt dollars et les balança en direction de Reg qui les reçut sur l'estomac. Celui-ci les rattrapa de ses mains pleines de sueur pour les empêcher de tomber par terre.

« Qu'est-ce que t'as fait de l'agent du FBI ? demanda Mellencamp.

– J'ai mis son corps dans mon coffre, dit Reg. Qu'est-ce que tu veux que j'en fasse ?

– C'est son sang ? » demanda Mellencamp en voyant une tache rouge sur le marcel de Reg.

Reg tira dessus pour mieux voir la tache que Mellencamp montrait du doigt.

« Je crois que c'est du ketchup, dit-il.

– T'en es sûr ? »

Reg frotta deux doigts sur la tache rouge avant de les mettre dans sa bouche. Il roula sa langue autour pendant quelques secondes.

« En fait t'as raison. C'est du sang, dit-il en haussant les épaules. Cette salope a saigné sur mon plus beau marcel.

– C'est bien dommage, dit Mellencamp. Je demanderai à Clarisse de te le laver tout à l'heure. Pendant ce temps, tu pourras te faire plaisir avec quelques filles en bas. Offertes par la maison, bien sûr.

– Si j'arrive à trouver la force.

– Laisse faire les filles. Jasmine peut s'occuper de toi sans que tu aies à faire le moindre effort. Fais-moi confiance.

– Je m'en souviendrai.

– Bien. Donc cet agent du FBI que tu as tué. Elle a un partenaire. Un type du nom de Munson. Tu l'as vu ?

– Nan. Aux dernières nouvelles, il était chez Litgo.

– Tu sais que Litgo est mort.

– J'ai entendu ça, ouais. C'est tragique. Le pauvre bougre a jamais fait de mal à personne. »

Le téléphone sur le bureau de Silvio Mellencamp se mit à sonner pour la centième fois de la journée. La sonnerie commençait sérieusement à l'énerver. Il s'empara du combiné avant qu'il ne puisse sonner une seconde fois.

« Oui, dit-il sèchement.

– Un certain docteur Chandler de l'hôpital de Lewisville est là pour vous voir, répondit un des membres du personnel féminin.

– Ah, très bien. Il était temps. Envoie-le-moi.

– Oui, monsieur. »

Mellencamp reposa le combiné et retomba dans son fauteuil. Il étira ses bras et bâilla.

« Tu attends quelqu'un ? demanda Reg.

– C'est le médecin. Pour l'avortement de Bébé.

– Elle est enceinte ?

– Apparemment oui, mais le médecin n'est pas encore au courant. Il pense qu'il vient pour soigner la blessure que tu lui as infligée tout à l'heure. »

Reg rit poliment.

« Je vais te laisser faire alors. Qu'est-ce que je fais du corps de l'agent du FBI ? »

Mellencamp fit tourner son verre de cognac dans sa main en réfléchissant.

« T'inquiète pas pour ça, dit-il. Je demanderai à mes hommes de la balancer dans l'incinérateur. Reste là une minute. J'ai un autre boulot pour toi. Ça va te plaire. Ça va plaire à ton sens de l'humour tordu. »

Quelqu'un frappa timidement à la porte.

« Entrez ! » lança Mellencamp.

La porte s'ouvrit et un jeune homme vêtu d'une veste en tweed marron, d'une chemise bleu clair et d'un pantalon en toile froissé entra. Il avait d'épais cheveux châtains qui semblaient ne pas avoir été lavés depuis une semaine et portait une paire de lunettes à la monture rafistolée par un morceau de scotch. Il ressemblait plus à un maître d'école qu'à un médecin.

« Monsieur Mellencamp ? demanda-t-il timidement.

– Docteur Chandler, je présume ?

– C'est exact.

– Entrez donc. Vous voulez boire quelque chose ? »

Le docteur Chandler entra et ferma la porte derrière lui. Il tenait dans sa main droite une serviette en cuir marron.

Reg se leva de son siège en face de Mellencamp.

« Vous pouvez vous asseoir là, doc, dit-il.

– Merci. C'est très aimable de votre part. »

Le docteur Chandler se jucha au bord de la chaise et plaça sa serviette sur ses genoux, la tenant fermement de ses deux mains.

« C'est une très belle maison que vous avez, dit-il en jetant un œil autour de lui.

– Je sais, répondit Mellencamp. Vous savez pourquoi vous êtes là ? »

Le docteur Chandler hocha la tête.

« Je crois que vous avez une patiente avec une blessure par balle au niveau du bras qui doit être soignée.

– Tout à fait. On lui a tiré dans le bras. Ce n'est pas très grave, enfin je crois pas que ça le soit, mais je suis pas médecin, c'est pour ça que j'ai pensé qu'il valait mieux que vous y jetiez un œil.

– Je ne suis pas spécialiste des blessures par balle, dit le docteur Chandler. Mais j'ai un peu d'expérience, oui.

– Ne vous inquiétez pas. On vous a recommandé car c'est un de ces incidents où il est difficile d'être correctement soigné sans qu'aucune question indiscrète ne soit posée. »

Chandler fronça les sourcils.

« Vous voulez dire que vous ne vouliez pas l'emmener à l'hôpital ?

– C'est exact. Lewisville n'est pas tout près. Et au cas où vous n'auriez pas remarqué, il y a un taré en ville qui découpe les gens en morceaux, alors j'imagine que l'hôpital est noyé sous les urgences en ce moment.

– Pas tant que ça en fait, dit le docteur Chandler. J'y étais toute la journée. C'est la morgue qui est débordée.

– Oui, enfin bref, dit Mellencamp qui n'appréciait pas d'être interrompu. Il y a aussi un autre problème. La patiente que vous allez soigner a des problèmes de comportement, le genre de problème qu'il n'est pas facile d'expliquer dans un hôpital avec tous ces médecins et ces secrétaires qui mettent leur nez dans vos affaires.

– Je comprends, répondit le docteur Chandler en souriant. La confidentialité, c'est une de mes priorités. Il ne me viendrait pas à l'esprit de discuter d'un patient avec, disons, quelqu'un de la police.

– C'est très bien, dit Mellencamp. Et quand vous dites la police, vous y incluez le FBI, j'imagine ?

– Bien sûr.

– Excellent. Vous avez déjà fait ce genre de choses avant alors ?

– Comme je disais, je n'ai pas une grande expérience des blessures par balle, mais j'ai déjà assisté à ce genre d'opérations. Je suis plutôt calé sur la procédure à suivre.

– Eh bien, c'est un soulagement, dit Mellencamp. Il y a encore une chose.

– Oui ?

– La patiente est enceinte de quelques semaines et nous aimerions que vous pratiquiez un avortement en plus de soigner sa blessure. »

Chandler grimaça.

« Oh.

– Est-ce qu'il y a un problème ? demanda Mellencamp.

– C'est-à-dire que j'ai encore moins d'expérience pour ce qui est des avortements. Je sais comment ça se passe, mais je n'en ai jamais pratiqué moi-même. Et je ne suis pas sûr d'avoir l'équipement chirurgical adéquat ici. »

Mellencamp balaya sa remarque d'un geste de la main.

« Vous en savez plus que quiconque ici. Ça va bien se passer. Elle n'est pas enceinte depuis très longtemps. Je doute que vous ayez besoin de beaucoup d'outils. »

Le docteur Chandler ne semblait pas convaincu.

« Oui, mais je n'ai rien pour endormir la patiente. Je veux dire, je pourrais faire ça à la sauvage, si vous me permettez l'expression, mais ce serait extrêmement douloureux et pénible pour la jeune femme en question, en particulier si elle a déjà subi le traumatisme d'une blessure par balle. »

Mellencamp tendit la main vers le tiroir de son bureau et en sortit une épaisse liasse de billets qu'il plaça sur le bureau en face du médecin. Le docteur Chandler fixa l'argent des yeux.

« Il y a combien ? demanda-t-il.

– Cinq mille dollars. C'est juste une avance. Quand le travail sera terminé, il y a encore cinq mille dollars qui vous attendent pour, vous savez, vous remercier d'être venu si rapidement. Et pour la confidentialité, bien sûr. »

Le médecin garda les yeux fixés sur l'argent tout en réfléchissant aux options qui s'offraient à lui. Il finit par inspirer profondément et répondre.

« Bien sûr. Eh bien, je serais heureux de vous rendre ce service, monsieur Mellencamp. Je n'ai jamais pratiqué d'avortement avant, mais je pense en savoir assez pour faire un travail correct.

– Excellent. C'est tout ce que je demande. Faites de votre mieux. »

Le docteur Chandler se pencha sur le bureau pour récupérer la liasse de billets.

« Oh, il y a autre chose que j'ai oublié de mentionner, dit Mellencamp, interrompant le médecin qui hésita et quitta les billets des yeux pendant quelques instants.

– Oui ?

– Eh bien, la fille ne veut pas vraiment se faire avorter. Elle est mentalement instable et assez perturbée. En tant que tuteur légal, je prends la décision à sa place. »

Le docteur Chandler sembla horrifié.

« Elle ne veut pas se faire avorter ?

– Elle est perturbée, c'est tout.

– Mais je vous ai dit que je n'avais rien pour l'endormir. Vous avez quelque chose ? Parce que si elle se débat, ça pourrait être extrêmement dangereux.

– Je m'en suis déjà occupé, dit Mellencamp. Nous l'avons attachée à un lit et bâillonnée. Elle ne pourra ni se débattre ni même hurler si les choses tournent mal. »

Le médecin regarda la liasse de billets dans sa main.

« Cinq mille maintenant, et cinq mille quand ce sera fait, dit-il en réfléchissant tout haut.

– C'est ça.

– C'est pour l'avortement, n'est-ce pas ?

– Ouais.

– Donc je recevrai également, disons, la même somme pour m'occuper de sa blessure par balle ? »

Mellencamp leva un sourcil perplexe mais son expression de surprise laissa bientôt place à un grand sourire. Il hocha la tête en regardant Reg.

« J'aime bien ce type !

– Moi aussi », dit Reg.

Mellencamp sortit une autre liasse de son tiroir et la posa sur le bureau.

« Et voici cinq mille d'avance. »

Le docteur Chandler ouvrit sa serviette, y empila les billets et la referma aussitôt.

«Où puis-je trouver la patiente ? demanda-t-il en se levant.

– Reg va vous accompagner. Et il s'assiéra dans un coin pour vérifier que vous faites ça correctement, ça vous va ?

– Parfaitement, monsieur Mellencamp.

– Bien. »

Reg ouvrit la porte au docteur Chandler.

« Je passe devant, dit-il. On descend au Salon Coquin. Ça va vous plaire. »

Mellencamp l'interpella.

« Reg, Mack est en bas avec Bébé en ce moment. Quand tu arrives, dis-lui qu'il peut faire une pause. Il peut prendre dix minutes pour faire ce qu'il veut avec une des filles et remonter me voir ensuite. J'ai une mission importante pour lui. »

37

Munson s'accroupit en face de Candy et lui mit le portable de Fonseca devant les yeux. Il s'assura qu'elle avait bien mémorisé la photo de la fille avec la tache de naissance bleue sur la joue.

« Vous connaissez cette fille, n'est-ce pas ? aboya-t-il.

– C'est la fille qui était avec Arnold ce matin, répondit Candy en sanglotant.

– Ça, je sais, merci. Mais vous savez qui elle est, non ?

– Non. »

Il l'attrapa par le visage en serrant ses joues entre ses doigts et mit ses yeux en face des siens.

« Vous la connaissez, n'est-ce pas ? »

Les larmes coulaient à flots sur le visage de Candy.

« Oui.

– Comment elle s'appelle ?

– Bébé. »

Il serra son visage encore plus fort. Il sentait qu'il recouvrait ses forces, comme si les effets de l'alcool qu'il avait ingurgité commençaient à se dissiper.

« Bébé. Tout le monde l'appelle Bébé. C'est une des filles du Minou Joyeux.

– Est-ce que ma partenaire Milena Fonseca savait qui elle était ?

– Je crois pas. »

Les pleurs de Candy étaient de plus en plus bruyants, et de plus en plus agaçants. Munson fit glisser sa main de son visage à sa gorge et serra doucement, mais assez fermement pour lui faire comprendre qu'il était prêt à resserrer son étreinte si elle l'y obligeait.

« Est-ce que Silvio Mellencamp est derrière tout ça ?

– C'est lui qui dirige la ville. Il est derrière absolument tout. Il ne vous laissera jamais quitter la ville. La moitié des habitants sont déjà à vos trousses.

– Quoi ?

– Je vous dis ça juste pour bien faire.

– Bien faire ? C'est un peu tard pour ça.

– Monsieur, j'essaie de vous aider. Ils vont vous tuer.

– *Ils ? Qui ça, ils ?*

– Les flics, Reg, les hommes de main de Mellencamp. À peu près tout le monde en ville. Il y a une récompense pour celui qui vous attrapera.

– C'est ridicule. Vous racontez des conneries.

– Non. C'est comme ça, à B Movie Hell. Vous devriez quitter la ville maintenant. Oublier cet endroit. »

Munson se pencha et releva Candy en la tenant par la gorge.

« Vous avez déjà tué un agent du FBI. Vous ne vous en tirerez jamais. »

Candy essuya la morve qui recommençait à couler de son nez avec le morceau d'essuie-tout qu'elle tenait à la main.

« Où est le corps, alors ? » demanda-t-elle d'un air méprisant.

Munson regarda autour de lui.

« J'en sais rien. Mais il est quelque part à B Movie Hell.

– Admettez-le, monsieur. Vous êtes complètement dépassé. Quand quelqu'un meurt à B Movie Hell, c'est fini. Il est parti. Disparu à jamais. Posez toutes les questions que vous voulez. Elle est partie. »

Munson la tenait toujours fermement par le cou. Il glissa le téléphone de Fonseca dans sa poche pour libérer son autre main. Puis il tira Candy vers l'avant et la fit tourner pour la désorienter. Avant qu'elle n'ait le temps de retrouver l'équilibre il glissa un bras autour de son cou, prêt à l'étrangler. Elle ne parvint pas à se débattre et, en quelques secondes, elle était inconsciente. Cela faisait longtemps qu'il n'avait pas utilisé cette technique, mais il n'avait pas perdu la main. Il relâcha Candy, la laissant glisser sur le sol.

Il supposa qu'elle serait dans les vapes pendant quelques minutes, ce qui lui laissait juste assez de temps pour trouver quelque chose pour l'attacher. Il ne pouvait pas prendre le risque de la laisser contacter quelqu'un pour lui dire où il se trouvait, ou ce qu'il savait. Tandis qu'il examinait la cuisine pour trouver une corde ou une attache quelconque, il sentit l'odeur de café frais en provenance du restaurant. Il avait le temps pour une tasse. Bon sang, il lui en fallait au moins une. Faire le plein de caféine était une priorité. Il devait réfléchir à la situation, et vite.

Il attacha Candy à un pied de table avec la ficelle de son propre tablier. Son nœud n'était pas parfait mais il suffirait à immobiliser une serveuse pendant un petit moment. Il retourna dans la salle et attendit que le café ait fini de passer. Il repensa à l'asile et aux questions que Fonseca et lui avaient posées au personnel. Les pièces du puzzle commençaient à s'assembler. Personne à l'hôpital ne savait comment Joey Conrad s'était échappé. Il comprenait enfin pourquoi.

Il sortit le téléphone de Fonseca de sa poche. Il regarda une dernière fois la photo de la fille avant de parcourir le répertoire jusqu'au numéro personnel de Devon Pincent. Celui-ci répondit presque immédiatement.

« Salut, Milena, comment ça se passe ?

– Milena est morte.

– Jack ?

– Ouais. Il faut qu'on parle.

– T'es sérieux ? Où est Fonseca ?

– Elle est morte, Devon, par ta faute.

– Qui l'a tuée ?

– Ceux qui vont probablement me tuer d'une minute à l'autre. »

À l'autre bout de la ligne, Pincent soupira.

« Est-ce que j'ai eu raison de t'envoyer là-bas, Jack ?

– Tu aurais dû me dire ce qui se passait.

– Je voulais. Ça fait des heures que j'attends ton appel. Qu'est-ce que tu fabriquais ?

– J'essayais de comprendre ce qui se passe ici. Au milieu de tous les cadavres qui commencent à s'entasser à B Movie Hell. Pourquoi tu ne m'as rien dit ? Ou au moins donné un indice pour que je comprenne ?

– J'ai essayé, mais je voulais pas prendre de risque avec Fonseca à côté. J'ai déjà eu des problèmes avec ce genre de trucs, même si à l'époque je faisais fausse route. »

Munson repensa à une chose que Fonseca lui avait dite un peu plus tôt.

« Tu utilisais les ressources de l'agence pour un usage personnel, n'est-ce pas ? C'est pour ça que tu as des problèmes.

– Oui.

– Je comprends, maintenant. J'aurais dû comprendre dès l'hôpital. Malheureusement, j'ai une gueule de bois d'outre-tombe et je suis pas au meilleur de ma forme. Mais je comprends maintenant. Joey Conrad ne s'est pas échappé de l'asile, n'est-ce pas ? »

38

Reg conduisit le docteur Chandler jusqu'à l'ascenseur au bout du couloir. Il appuya sur un bouton au mur et les portes s'ouvrirent immédiatement. Les deux hommes entrèrent et se tournèrent pour faire face aux portes qui se refermaient. Reg appuya sur le bouton du panneau de contrôle pour descendre au sous-sol.

« Ça fait longtemps que vous êtes médecin ? demanda Reg, qui se souciait peu de la réponse.

– J'ai eu mon diplôme il y a deux ans.

– Je vois. Vous savez que si vous parlez à quiconque de ce que vous avez vu ici, vous êtes un homme mort, n'est-ce pas ? »

Le docteur Chandler avala sa salive et hocha la tête pour montrer qu'il avait compris.

« Pour être honnête avec vous, j'ai toujours rêvé de venir ici. Cet endroit est légendaire. Vous venez souvent ?

– Tout le temps. »

Les portes s'ouvrirent et ils furent accueillis par un groupe de jeunes femmes postées devant l'ascenseur, toutes vêtues de lingerie sexy. Reg les connaissait déjà toutes, et sans leurs sous-vêtements. Le docteur Chandler, au contraire, regardait toute cette chair les yeux écarquillés.

« Ici, c'est le sous-sol, qu'on appelle aussi le Salon Coquin, dit Reg. Ne bandez pas trop vite. Vous avez un peu de chirurgie à faire avant, vous vous souvenez ?

– Oui. »

Reg lui fit traverser le salon. Les filles en lingerie arrêtèrent ce qu'elles étaient en train de faire pour regarder les deux hommes passer. Quelques-unes sourirent poliment à Reg, mais le docteur Chandler et sa serviette marron n'attirèrent que des regards de mépris, de peur et parfois de dégoût. Elles semblaient toutes savoir ce qui allait se passer dans la chambre.

« C'est juste là », dit Reg en montrant du doigt un couloir. Il vit un peu plus loin Mack le Slasher montant la garde devant la porte de Bébé.

« Salut, Mack ! » lança-t-il.

Mack leva une main et le salua avec un sourire malicieux.

« Elle est prête ? demanda Reg. Le médecin est là.

– Oh oui, elle est bien prête. Elle s'est un peu débattue au début, mais elle a fini par se calmer. » Il ouvrit la porte aux deux hommes qui approchaient.

Dans l'entrebâillement, Reg vit la partie inférieure du corps de Bébé. Elle était complètement nue et attachée à un grand lit au milieu de la pièce.

Reg s'écarta et fit signe au docteur Chandler de passer en premier. Le médecin regarda Mack et sourit poliment en passant devant lui pour entrer dans la chambre de Bébé. Reg resta en arrière et demanda à Mack :

« Elle t'a donné du fil à retordre ?

– Rien que je ne puisse gérer. Elle est blessée au bras donc j'ai dû l'aider à se déshabiller, mais j'ai eu aucun mal à l'attacher au lit. Elle pourra pas se débattre. Je vous ai mâché le travail.

– Bien, dit Reg. Silvio a dit que je devais rester pour surveiller. Il dit que tu peux prendre une pause, mais il faut que tu sois dans son bureau dans dix minutes. Il a un boulot pour toi.

– Parfait. J'étais pas vraiment chaud pour surveiller un avortement. Pas ma tasse de thé.

– Moi non plus. Quoique, ça doit être un truc à voir au moins une fois dans sa vie. Écoute, essaie juste d'éloigner les autres filles d'ici. Certaines ont lancé des regards mauvais au médecin.

– T'inquiète pas pour ça. Je m'occupe d'elles.

– Cool. Je te fais signe dès qu'on a fini.»

Mack se dirigea vers la réception du Salon Coquin. Reg jeta un dernier coup d'œil autour de lui et suivit le médecin dans la chambre de Bébé. Elle était en train de se tortiller sur un lit king size. Ses poignets et ses chevilles étaient attachés avec de la corde et fixés aux quatre coins du lit. Une bande de gros scotch marron était collée sur sa bouche. La couette rose froissée montrait à quel point elle s'était débattue. Le docteur Chandler se tenait au bout du lit. Il avait posé sa serviette marron sur la couette entre les jambes de Bébé, qui regardait d'un air terrifié le médecin et son sac à malices.

Reg ferma la porte derrière lui et tourna la clef dans la serrure pour empêcher un visiteur potentiel de les interrompre. Lorsqu'il se tourna, il vit Bébé se débattant de toutes ses forces avec les nœuds autour de ses poignets et de ses chevilles. Mais elle était si bien attachée qu'elle n'avait aucune chance de se libérer, comme Mack l'avait promis. Elle pencha la tête sur le côté et supplia Reg du regard. Il la regarda essayer d'appeler à l'aide. Le scotch marron sur sa bouche rendait toutes ses tentatives vaines. Elle continuait à se débattre, à épuiser les muscles de ses bras et de ses jambes pour tenter de défaire les nœuds, mais cela ne servait à rien. Reg lui sourit, et passa quelques secondes à admirer son corps nu. Il fit en sorte qu'elle voie qu'il la reluquait, dans l'espoir qu'elle se sente encore plus misérable. Il se pencha pour enlever délicatement quelques mèches devant ses yeux et lui murmura à l'oreille.

« Ne t'inquiète pas, Bébé. Je suis là si quelque chose se passe mal. »

Il se tourna et fit un signe de tête au docteur Chandler.

«OK, doc. Elle est à vous.»

Le docteur inspira profondément et déverrouilla sa serviette. Il semblait nerveux. Il sourit d'un air désolé à Bébé.

«Je ne veux pas vous faire de mal, dit-il. Alors, s'il vous plaît, laissez-vous faire.»

39

Lorsque Benny Stansfield quitta le Minou Joyeux, la nuit était tombée. La journée avait été longue et stressante et, tout ce qu'il voulait, c'était rentrer chez lui et voir sa femme. Il l'appela pour lui dire qu'il serait à la maison dans la demi-heure, puis éteignit la radio réglée sur la fréquence de la police. Il en avait assez de tous ces messages répétitifs annonçant qu'un nouveau meurtre avait été commis.

Il fouilla dans les CD rangés dans sa boîte à gants, tout en gardant un œil sur la route. Il choisit la bande originale du film *Drive* et glissa le CD dans le lecteur. Il zappa jusqu'à la chanson « A real hero », et commença à chanter les paroles dont il se souvenait. Il repensa aux événements de la journée en pressant l'accélérateur. *Il avait vraiment été un vrai héros.* Il avait sauvé Bébé de chez Litgo juste avant l'arrivée de l'Iroquois et l'avait rendue saine et sauve à Mellencamp. Maintenant, tout ce qu'il voulait, c'était rentrer chez lui et s'ouvrir une bonne bouteille de vin qu'il partagerait avec sa femme.

Malheureusement, il n'avait pas parcouru plus d'un kilomètre depuis le Minou Joyeux lorsqu'il aperçut quelque chose qui lui donna la chair de poule. Une voiture de stock-car jaune décorée d'une bande rouge était garée de l'autre côté de la route, près de quelques buissons. Aucun des deux sièges à l'avant n'était occupé. Mais c'était assurément la voiture de l'Iroquois.

Il relâcha l'accélérateur et s'arrêta à plusieurs mètres de la voiture, assez loin pour être en sécurité. Il observa la voiture jaune de l'autre côté de la route et réfléchit aux options qui s'offraient à lui. Cela pouvait potentiellement lui faire gagner cent mille dollars de plus, sans parler de la gloire qui couvrirait le flic héroïque qui avait attrapé le pire tueur en série de l'histoire de B Movie Hell. Cependant, cette parcelle de route était isolée, sombre et bordée de chaque côté d'une épaisse forêt. Ça compliquait les choses. Beaucoup.

Il laissa le moteur de sa Plymouth Fury noir et blanc allumé et baissa le volume de la radio. Sa main se posa sur la crosse de son arme. Il la sortit du holster à sa ceinture et ouvrit le canon pour vérifier qu'il était chargé. Il y avait une balle dans chaque chambre. Ce qui signifiait qu'il avait six coups à tirer. Six chances de devenir un vrai héros. Il avala sa salive et hocha la tête. Une fois sa décision prise, il ouvrit lentement la portière de la voiture et sortit. La route était calme comme la mort. Aucun oiseau ne gazouillait, aucun rongeur ne faisait bruisser les feuilles mortes. Rien. Pas un bruit. Il traversa lentement la route, son arme pointée et prête à tirer. Il était maintenant sûr qu'il n'y avait personne à l'avant de la voiture jaune. Il se dirigea vers l'arrière et regarda par la lunette. Il appuya son visage contre la vitre pour mieux voir. Personne non plus sur la banquette arrière. Il recula et s'accroupit pour regarder sous la voiture et son pied heurta une petite pierre, ponctuant le silence autour de lui. Personne sous le véhicule. Son cœur battait si fort qu'il l'entendait taper contre sa poitrine. La paume de ses mains transpirait abondamment et le doigt posé sur la détente tremblait lorsqu'il fit le tour de la voiture et regarda vers le bois. Aucun signe de vie. Se rappelant tous les films d'horreur kitsch qu'il avait vus dans sa jeunesse, il tourna sur lui-même, craignant que quelqu'un derrière lui ne s'approche en silence. Il n'y avait personne, pas le moindre mouvement.

Il recula vers la voiture mais garda son arme pointée vers les bois. Il tendit sa main libre pour voir s'il pouvait ouvrir le coffre. Le verrou en métal était glacial mais, à sa grande surprise, il s'ouvrit facilement lorsqu'il appuya dessus. Il se souleva d'un centimètre avant de retomber, légèrement entrouvert. Benny recula et tenta de l'ouvrir avec le canon de son arme. Il se rendait bien compte qu'il était ridicule de penser que le tueur pouvait être caché dans le coffre de sa propre voiture. Mais en cette période de tous les dangers, Benny ne voulait prendre aucun risque. Ce n'étaient pas seulement les cent mille dollars pour l'exécution de l'Iroquois qui étaient en jeu, c'était aussi sa propre vie.

Il plissa les yeux pour mieux voir à l'intérieur du coffre. Le manque de lumière rendait la chose difficile mais, au bout de plusieurs secondes, il aperçut quelque chose. Quelque chose de gros. Il s'approcha et examina l'intérieur, prêt à bondir en arrière si quelqu'un se jetait sur lui. Mais avant qu'il n'ait le temps de mieux voir ce qu'il y avait dans le coffre, il entendit un bruit dans les bois. Un craquement de feuilles mortes. Probablement un rongeur quelconque, mais qui suffit à le faire tourner sur lui-même à 360 degrés, son pistolet pointé devant lui. Lorsqu'il se fut assuré qu'il n'y avait personne dans les environs, il se calma et se concentra sur sa respiration qu'il tenta de ralentir un peu, puis il regarda de plus près ce qui se trouvait dans le coffre de la voiture.

La forme imposante qu'il avait vue était précisément ce qu'il craignait. Un corps. Un nouveau corps à ajouter à cette liste sans fin. D'épais cheveux cachaient la plus grande partie de son visage. Lorsque Benny les écarta pour mieux voir, sa main se posa sur du sang séché qui avait aggluré plusieurs mèches ensemble. Il n'avait jamais vu cet homme. Benny connaissait tous les habitants de la ville, alors qui diable était ce type ?

Le corps était vêtu d'un tee-shirt bleu taché mais ne portait pas de pantalon, juste un boxer blanc. Ce qu'il fallait à Benny, c'était un portefeuille, ou un papier qui lui permettrait d'identifier cette dernière victime.

Il regarda une nouvelle fois autour de lui, vers la route et les bois, pour s'assurer que personne ne s'approchait furtivement de lui, et commença à fouiller autour du cadavre. Il n'y avait rien

derrière le corps. À contrecœur, il le roula sur le côté pour voir
s'il y avait quelque chose en dessous. Le corps était dur et froid.
Ce n'était jamais très drôle de manipuler un cadavre, en particulier lorsqu'il faisait noir et qu'on risquait de plonger la main
dans une plaie béante. Il ne trouva rien, pas même quelques
pièces tombées d'une poche. Aucun papier d'identité, aucun
mouchoir, absolument rien. Il jeta un dernier coup d'œil dans
le coffre et décida de transmettre l'information par radio. Il était
sur le point de partir lorsqu'une rafale de vent souffla quelque
chose dans sa direction. Il ne comprenait pas comment il avait
pu la rater, mais une petite feuille de papier blanc vola hors du
coffre. Il tendit la main et l'attrapa avant qu'elle ne disparaisse
sur la route. Il la tint devant ses yeux. Quelque chose était écrit
à la main. Dans l'obscurité, il était difficile de déchiffrer les
mots. Mais maintenant qu'il était sûr d'être seul, il put replacer
son arme dans son étui et sortir une petite lampe torche de
sa poche. Il éclaira le morceau de papier et plissa les yeux. Le
message était écrit en rouge. On pouvait lire :

Silvio Mellencamp. Le Minou Joyeux,
100 Arlington Road, B Movie Hell.

Pendant un instant, il se demanda pourquoi un étranger se
baladait avec l'adresse de Silvio Mellencamp écrite sur un bout
de papier. Ça ne donnait aucune indication sur l'identité de
l'homme. Enfin, jusqu'à ce que Benny ne lise les mots écrits
sous l'adresse, en majuscules :

BLESSURE PAR BALLE. FEMME. BRAS DROIT.

40

Reg fit le tour du lit et s'arrêta à côté du docteur Chandler. « Mack a fait du bon boulot, hein ? » fit-il remarquer en regardant le corps nu de Bébé. La fille semblait si vulnérable, à la fois impuissante et complètement terrifiée.

« En effet », répondit le médecin.

Reg ne pouvait pas s'empêcher de fixer des yeux la peau blanche et laiteuse de Bébé. Il avait vu son corps nu plusieurs fois lors de ses précédentes visites au Minou Joyeux mais il ne s'en lassait pas. Sa peau était si ferme, et à la fois si douce. Et maintenant qu'elle avait ce scotch collé sur la bouche et ne pouvait plus parler, elle était beaucoup moins agaçante qu'en temps normal. Il regrettait de ne pas pouvoir rester cinq minutes avec elle avant que le docteur ne se mette au travail. Mais il était malheureusement trop tard pour ne serait-ce qu'en envisager la possibilité. Maintenant que le médecin était dans la pièce avec eux, sur le point de pratiquer un avortement sauvage, il avait raté sa chance. Mais il mourait d'envie de trouver une excuse pour la toucher.

« Ça vous aiderait si je la maintenais tranquille ? On est jamais trop prudent », suggéra-t-il.

Le docteur Chandler ôta sa veste en tweed marron et la posa sur le sol au pied du lit.

« Ça ira, dit-il. Elle n'ira nulle part. »

Bébé était toujours en train de se tortiller, hurlant frénétiquement par le nez, le visage déformé par la peur que lui inspirait le docteur Chandler, qui se tenait au bout de son lit et fouillait dans sa serviette en cuir.

Reg ne prêtait pas attention au médecin. Il était trop occupé à reluquer Bébé. Finalement, le docteur Chandler sembla avoir trouvé ce qu'il cherchait. Il tapota Reg sur le bras.

« Il y a encore une chose que vous pouvez faire pour moi, dit-il. Ça vous embêterait de mettre un peu de musique, s'il vous plaît ?

– De la musique ? demanda Reg d'un air perplexe, détournant son regard des seins de Bébé le temps de voir si le médecin était sérieux. Pour quoi faire, de la musique ? Ça aide à calmer le patient ? »

Chandler sourit.

« Non, mais ça aide à étouffer les cris. Alors si vous pouviez mettre quelque chose, le plus bruyant possible, ce serait vraiment génial, merci. »

Reg haussa les épaules. Ça paraissait assez logique. Il se dirigea vers la chaîne hi-fi dans un coin de la chambre, près de la porte. Toutes les filles disposaient dans leur chambre d'une chaîne hi-fi avec une sélection de CD (la plupart de Barry White) qui tournaient en boucle, en particulier lorsque l'un des vieux beaufs transpirants de la ville leur rendait visite.

Il choisit un CD intitulé *Classical Soul Favourites* et l'enfonça dans le lecteur. Du coin de l'œil, il voyait Bébé qui continuait à se débattre frénétiquement avec les cordes nouées autour de ses bras et de ses jambes. Elle savait ce qui l'attendait.

Ça lui apprendra, pensa Reg en silence tandis que les notes de la première chanson résonnaient. Il l'écouta pendant quelques secondes avant de reconnaître « Hold on I'm comin' » de Sam and Dave. Une chanson parfaitement adaptée au Minou Joyeux[1]. Il tourna le bouton du volume pour monter le son. Il le monta aussi fort qu'il oserait le faire dans sa propre maison, mais il

---

1. Le titre de la chanson signifie « Attends, j'arrive », mais on peut aussi comprendre « Attends, je vais jouir ». (*NdT.*)

remarqua qu'on pouvait toujours entendre les cris étouffés de Bébé, alors pour répondre à la demande du médecin, il tourna le bouton un peu plus, montant les décibels jusqu'à un niveau que seul un adolescent pourrait supporter.

« Ça devrait aller », dit-il avant de se rendre compte que sa propre voix était étouffée par la musique. Il se tourna vers le médecin.

« Je disais que ça devrait... »

Le docteur Chandler se tenait toujours au bout du lit de Bébé. La serviette était toujours ouverte, mais il n'en avait sorti aucun outil chirurgical. Il ne maniait aucune sorte d'instrument dans sa main. La seule chose qu'il avait sortie de la serviette était un masque en caoutchouc. Pendant que Reg trifouillait la chaîne hi-fi, le médecin avait enlevé ses lunettes et enfilé le masque sur sa tête, qu'il était maintenant en train d'étirer pour bien voir à travers les trous. Le masque représentait un crâne jaune avec une crête rouge. La tête de mort lui souriait de toutes ses dents.

Il fallut près d'une seconde à Reg pour enregistrer l'information, l'analyser et comprendre exactement ce que ça signifiait. Une seconde qui lui parut interminable. Il regarda Bébé. Elle avait toujours l'air aussi terrifiée mais, maintenant, Reg comprenait pourquoi. Elle avait su qui était le médecin dès qu'il avait franchi la porte. Et pendant que Reg était occupé avec la chaîne hi-fi, elle avait assisté à sa transformation en l'Iroquois.

Reg resta figé, pris au dépourvu. Avait-il le temps de courir ? Fallait-il courir ? *Bien sûr que oui, putain de merde.* Il fallait qu'il coure. Son problème majeur était qu'il avait verrouillé la foutue porte derrière lui. Ses chances de la déverrouiller et de sortir de la pièce avant que le tueur ne mette la main sur lui étaient très faibles.

Pendant que toutes ces questions et ces plans se bousculaient dans la tête de Reg, l'Iroquois plongea la main dans sa serviette et en sortit un grand couperet en métal étincelant. Il avait les yeux fixés sur Bébé, et semblait presque avoir oublié Reg. Puis il parla, juste assez fort pour être entendu par-dessus la musique.

«Je veux que tu regardes ça, dit-il. Ça va saigner.»

Reg se mit soudain à transpirer abondamment. Sa bouche était sèche et il n'était pas sûr de pouvoir répondre, ni même de savoir quoi répondre. Mais l'instinct prit le dessus et il bafouilla une réponse.

«Je... Je suis pas sûr de vouloir voir ça, je vais vous laisser faire.»

L'homme masqué recula d'un pas et se tourna vers Reg. Il pencha la tête sur le côté et parla d'une voix terrifiante.

«Je parlais à la fille», dit-il.

Ce n'était plus le moment d'hésiter. Reg se précipita vers la porte et attrapa la poignée. Il enfonça frénétiquement la clef dans la serrure, incapable de se rappeler dans quel sens tourner. Lorsqu'il parvint enfin à l'ouvrir, le tueur masqué était juste derrière lui. Reg ne réussit à ouvrir la porte que de quelques centimètres avant que la main de l'Iroquois ne la referme. De la même main, il attrapa le cuisinier par la gorge, le souleva au-dessus du sol et le balança contre le mur.

«Attendez, dit Reg d'un ton plaintif. On peut en discuter. Je suis qu'un pauvre cuisinier! *Je suis qu'un pauvre cuisinier!*»

Le tueur masqué ne répondit pas. Il se contenta de lever le couperet pour s'assurer que son prisonnier ait le temps de bien le regarder. Reg pouvait voir les traces du sang séché des autres victimes sur la lame en métal. La jointure des doigts de l'homme masqué blanchit lorsqu'il serra le manche en bois du couperet. Il l'abaissa lentement, s'assurant que Reg voie toujours où il était. Il s'arrêta une fois arrivé au niveau de l'espace entre les jambes de Reg, juste en dessous de ses testicules. Puis il tourna le couperet dans sa main pour que la lame pointe vers le haut.

«Oh seigneur, vous êtes pas obligé de faire ça, bredouilla Reg.

– En effet, dit le tueur masqué. Mais je vais quand même le faire.»

41

« Joey ne s'est pas échappé de cet endroit, n'est-ce pas ? – Non », admit Pincent.

Munson prit conscience que tout ce temps passé loin de l'agence avait sérieusement nui à ses compétences. Quelques années plus tôt, il aurait deviné bien plus vite. Pincent et lui s'étaient toujours compris de façon presque télépathique, résultat de toutes ces années à travailler ensemble dans les situations les plus délicates. Les indices étaient là depuis le début. S'il n'avait pas bu autant, il aurait compris ce qui se passait bien plus vite. Il aurait pu sauver la vie de Milena Fonseca, et, plus important encore, il aurait pu contacter Pincent et mettre fin à tout ça. Mais il était maintenant trop tard. Les choses étaient allées trop loin.

« C'est le moment de cracher le morceau, Devon. Qu'est-ce qui se passe, bordel ? Dis-moi la vérité. La fille sur cette photo, c'est bien qui je pense ? »

En attendant la réponse de Pincent, il attrapa une tasse blanche sur une des étagères et la posa sur le comptoir. Il souleva la cafetière de café frais mais, avant qu'il n'ait le temps de s'en verser une tasse, Pincent répondit d'une voix tremblante :

« C'est Marianne.

– J'en étais sûr, putain ! » Munson se frotta les sourcils. Son mal de tête empirait. « Comment c'est possible ?

– Je n'ai jamais arrêté de la chercher. Voilà comment c'est possible.

– Mais elle est morte.

– Ils n'ont jamais retrouvé son corps, Jack. Ça fait des années que je te le répète. »

Munson remplit la tasse de café à ras bord.

« C'est complètement fou. Qu'est-ce qui s'est passé ? Est-ce qu'elle s'est enfuie ? Pourquoi ils ne l'ont pas tuée alors qu'ils ont tué Sarah et Annalise ? »

Pincent ne répondit pas. Munson reposa la cafetière sur son socle.

« Ils ont bien tué Sarah et Annalise ? demanda-t-il.

– Oui. Bien sûr. On a vu les corps, n'est-ce pas ? Mais il n'y a jamais eu aucune preuve que Marianne était morte. Je n'ai jamais perdu espoir.

– Mais ça fait quatorze ans. Comment as-tu su ?

– Jack, tu comprendrais si tu avais des enfants. Tu découvres que ta femme et tes deux filles ont été assassinées, et ça te déchire les entrailles. Et puis quelqu'un te dit qu'ils ne trouvent aucune trace de la cadette. Il n'y a aucun cadavre, aucun reste, aucune trace d'ADN. Tu n'abandonnes pas comme ça. Tu continues à la chercher. »

Munson souleva sa tasse de café et en but une gorgée. Il était délicieux. Tout en le savourant et en se demandant où trouver du sucre, il songea à l'émotion qu'il pouvait entendre dans la voix de son ami. Il se rappelait parfaitement l'horreur qu'ils avaient vécue, quatorze ans plus tôt, en découvrant que la famille de Pincent avait été assassinée. Sa femme et ses deux filles avaient été enlevées de la maison où elles avaient été placées pour leur sécurité. Leurs corps, littéralement impossibles à identifier, avaient été découverts dans une maison incendiée une semaine plus tard. Seule sa fille cadette, Marianne, qui n'avait que cinq ans, restait introuvable. Munson avait naïvement pensé que Pincent avait accepté l'idée qu'il ne la reverrait jamais. Il s'était trompé.

« Donc tu as découvert qu'elle était à B Movie Hell. Mais *comment* ? demanda Munson.

– Crois-le ou non, ce n'est pas moi qui l'ai trouvée. Ces dernières années, j'étais convaincu qu'elle était à Detroit. J'ai bien failli perdre mon boulot en envoyant des agents enquêter et harceler la famille Palluca. J'étais persuadé qu'ils étaient responsables de ce qui était arrivé à Sarah et Annalise. On enquêtait sur eux ces dernières années. Et on approchait du but. J'ai toujours cru qu'ils avaient kidnappé ma famille pour nous effrayer. En fait, il se trouve que c'était ce putain de producteur de films pornos de bas étage qu'on avait dans le collimateur.

– Mais comment tu l'as su ?

– Ce n'était pas moi, mais Joey Conrad.

– Hein ?

– Un autre patient de Grimwald s'est enfui il y a quelque temps. Il est revenu avec une photo de cette fille qu'il avait rencontrée dans un lieu appelé le Minou Joyeux à B Movie Hell. Conrad l'a reconnue à sa tache de naissance et m'a écrit une putain de lettre. Une lettre, tu te rends compte ? J'ai toujours su que c'était un bon garçon. »

Munson avala une autre gorgée de café et jeta un œil par la fenêtre du restaurant. Sa voiture était toujours la seule sur le parking.

« Alors tu es allé à Grimwald et tu as laissé sortir Joey Conrad ? Et tu l'as envoyé à B Movie Hell pour récupérer Marianne ?

– C'est exact, Jack. Je lui ai donné le masque, les vêtements, le couperet et toutes les armes et munitions qu'il voulait. »

Munson faillit cracher sa dernière gorgée de café sur le comptoir.

« Oh Seigneur. À quoi tu pensais, putain ?

– À quoi je pensais ? Je pensais à ma petite fille que j'allais enfin retrouver. Ça fait quatorze ans qu'ils la cachent dans ce trou paumé. Tout le monde dans cette ville se connaît, Jack. Ils savaient tous qu'elle était là. Et personne n'a rien dit. Mellencamp finance les commerces de tout le monde. Ceux qui ne sont pas effrayés par lui sont payés par lui. J'ai juste lâché Joey Conrad sur ces enculés. »

Munson n'en croyait pas ses oreilles.

« Il a tué la moitié de la ville, putain, Devon ! Beaucoup d'innocents sont morts. Tu aurais pu faire ça officiellement. Tu vas finir sur la chaise électrique.

– Il n'y a que toi, moi et Milena Fonseca qui sommes au courant. Si tu fais le ménage pour moi, personne n'a besoin de savoir ce qui est arrivé.

– Et le personnel de l'asile ? Ils doivent savoir.

– Ils ferment les yeux. Demande-leur comment il s'est enfui.

– C'est ce que j'ai fait. Ils ont dit que le système de sécurité était merdique.

– Tu vois.

– J'aurais dû être au courant depuis le début. *Putain*, Devon, tu te sortiras jamais de ce pétrin.

– Ça m'est égal. Je veux juste récupérer ma Marianne. Et je veux que tous les habitants de B Movie Hell souffrent pour ce qu'ils ont fait.

– Il y avait d'autres façons de faire. Officiellement, par exemple.

– Avec des mandats et ce genre de choses ? Tu plaisantes ? Tu sais comment ça aurait fini. Dans une ville comme B Movie Hell, mon bébé aurait disparu à la minute même où on aurait sorti le mandat. Je ne pouvais pas risquer de la perdre encore une fois, pas si près du but. Toi et moi, quand on bossait sur cette putain d'opération dont on n'est pas supposé parler, on a travaillé dur pour entraîner Joey Conrad et en faire une parfaite machine à tuer. J'ai enfin eu l'occasion de mettre en œuvre ce qu'on lui a appris. L'opération Blackwash est un succès, finalement. »

Munson sentit la caféine s'insinuer dans son système. Il commençait enfin à se réveiller. Il soupira.

« Ce que tu essaies de dire, c'est qu'en entraînant Conrad je suis responsable autant que toi de tout ce bordel ?

– Non. Tu n'as pas à être associé à tout ça. Ton nom n'apparaît nulle part dans les dossiers sur Blackwash. Je l'ai effacé. Personne ne sait que tu étais impliqué, et personne ne sait que tu es à B Movie Hell en ce moment.

– Qu'est-ce que je fous là alors ?

– Milena Fonseca a découvert que Conrad s'était échappé. Et elle voulait en parler. Je l'ai convaincue de te laisser faire le ménage, mais elle a insisté pour venir avec toi. Je ne pouvais pas t'expliquer ce qui se passait. Pas au bureau, sur les lignes de l'agence. Ça n'a absolument rien d'officiel.

– Tu aurais simplement dû m'y envoyer à la place de Joey Conrad. J'aurais pu m'en charger.

– Ne le prends pas mal, Jack. Mais tu n'as plus grand-chose de Liam Neeson aujourd'hui. Je voulais pas mettre la vie de ma fille entre les mains d'un vieil agent sur le retour à moitié alcoolique. Ce qu'il me fallait, c'était le tueur d'*Halloween*. »

Munson avala sa dernière goutte de café. Il commençait à se remettre de l'incident avec le rhum.

« Alors qu'est-ce que tu veux que je fasse maintenant ?

– Maintenant que Fonseca est morte, tu n'as plus rien à faire ici, Jack. Laisse Joey Conrad faire son boulot. Tu peux rentrer à la maison. Je m'assurerai que tu sois payé. Tout ce que tu as à faire, c'est garder le silence, comme je l'ai fait quand tu as tiré sur cette fille.

– C'est vraiment sympa de ta part, Devon. »

Munson raccrocha. L'image d'un kidnappeur pointant son arme contre la tempe d'une jeune fille flotta dans son esprit pour la millionième fois. Il la chassa immédiatement. Il devait se concentrer sur le problème présent. Il se souvenait très bien de Marianne Pincent. À cinq ans, c'était une petite fille magnifique et drôle qui avait le monde à ses pieds. Mais que pouvait-il faire pour aider à la récupérer ? Joey Conrad était supposé la sauver. Une mission de sauvetage doublée de l'opération puni-tive la plus immorale et la plus ridicule qui soit.

Alors qu'il réfléchissait à ce qu'il devait faire, il sentit le téléphone vibrer dans sa main. La chanson des Backstreet Boys retentit. Il répondit, pensant que Pincent le rappelait.

« Quoi ? demanda-t-il sèchement.

– Bonjour, est-ce que maman est là ? » demanda la voix d'un petit garçon à l'autre bout du fil.

Munson raccrocha et balança le téléphone à travers la pièce. Il s'écrasa contre le mur sous une fenêtre. Milena Fonseca avait un gosse. Peut-être deux, qui sait ? Ce dont Munson était sûr, c'est que ces gosses allaient bientôt apprendre la mort de leur mère.

Il songea à Marianne Pincent. Elle avait perdu sa mère et sa sœur alors qu'elle n'avait que cinq ans. Elle avait aussi perdu son père, mais elle avait aujourd'hui une chance de le retrouver.

Il prit une profonde inspiration et chercha dans sa poche la bouteille de rhum. Il la sortit et dévissa le bouchon. Il l'ob-serva et se demanda s'il devait ou non en prendre une gorgée. Immédiatement, l'image d'un homme tenant un revolver contre la tempe d'une jeune fille lui revint à l'esprit. La fille n'avait que dix-huit ans. Elle était terrifiée. Son kidnappeur, un malfrat gras et répugnant, menaçait de lui tirer une balle dans la tête. Et il semblait sur le point de le faire. Alors Munson fit ce à quoi on l'avait entraîné. Il tira.

La balle toucha la jeune fille à la tête.

Un second tir toucha le kidnappeur entre les deux yeux, le tuant sur le coup. Munson n'oublierait jamais le moment où il s'était précipité auprès de la fille et l'avait prise dans ses bras jusqu'à ce qu'elle rende son dernier soupir. Il avait quatre-vingt-dix-neuf chances sur cent d'atteindre le kidnappeur du premier coup. Mais ce jour-là, sans aucune raison valable, fut la seule fois où il rata sa cible. Il devait vivre avec cette erreur chaque jour de sa vie. Et la boisson n'avait jamais été d'une grande aide.

Son esprit revint au présent et il s'imagina en train de vomir comme il l'avait fait un peu plus tôt après avoir bu le rhum maléfique de Litgo. Ce n'était pas une pensée agréable. Il posa la bouteille de rhum sur le comptoir et se fit une promesse à voix basse :

Rends Marianne Pincent à son père. Rachète-toi.

42

Benny claqua le coffre de la voiture de stock-car jaune. Il sortit son téléphone de sa poche et composa le numéro du Minou Joyeux. Ses doigts tremblaient lorsqu'il posa le téléphone contre son oreille et entendit la tonalité. Il sonna une fois. Benny s'attendait à une réponse immédiate.

Il sonna une deuxième fois.

Et une troisième.

Puis une quatrième.

Et une cinquième.

Le téléphone sonnait dans le vide.

En temps normal, le téléphone du Minou Joyeux ne sonnait pas plus d'une fois, à moins que la ligne ne soit occupée. C'était mauvais signe. Qu'est-ce qui se passait, bon sang ?

Il raccrocha et courut vers sa voiture de patrouille. Il se jeta dedans et décrocha la CB de son socle. Ce n'étaient plus seulement ses mains qui tremblaient maintenant. Tout son corps était pris de tremblements. Il tourna le bouton marche/arrêt et cria dans le micro :

« Ici Benny. Répondez, s'il vous plaît ! »

Il attendit une réponse en espérant que le poste de police serait plus réactif que le Minou Joyeux. Il repensa à ses projets de rentrer à la maison pour boire un verre de vin avec sa femme. Ce projet allait devoir être reporté. Après une attente interminable, une voix de femme répondit à son appel radio.

« Salut, Benny, comment ça va ?

— Passe-moi O'Grady immédiatement. C'est urgent.

– Charmant. Tu n'as même pas le temps de…

– Jenny, peux-tu juste me transférer, nom d'un chien ? C'est urgent. Je sais où est l'Iroquois.

– Le commissaire n'est pas là pour le moment, Benny. Il fait une conférence de presse. Je peux te passer quelqu'un d'autre ? »

Benny passa quelques secondes à pester en silence. Il devait prendre une décision. Et il décida qu'il valait peut-être mieux prendre en charge la situation.

« Jenny, préviens tout le monde, dis-leur d'aller chez Mellencamp immédiatement.

– Comment ça, *tout le monde* ?

– Tu as bien compris, TOUT LE MONDE.

– Qu'est-ce que je leur dis ?

– Dis-leur que l'Iroquois est au Minou Joyeux. Il est déguisé en médecin.

– Comment tu sais ? Tu l'as vu ?

– J'ai trouvé le cadavre du médecin dans le coffre de la voiture de l'Iroquois. Je pense qu'il a pris la voiture du médecin pour aller chez Mellencamp.

– OK. Où es-tu ? Quelles instructions dois-je leur donner ?

– Je suis sur la route, à un kilomètre de chez Mellencamp. Vous pouvez pas me rater. Ma voiture est garée près du tas de ferraille jaune que le tueur a volé à Hank Jackson ce matin.

– Je dis à tout le monde de te rejoindre là-bas ?

– Oui. Je suis facile à repérer. Je suis dans ma voiture. Je suis d'un côté de la route et cette putain de voiture jaune et rouge est de l'autre côté. Dis à tout le monde de me rejoindre d'ici dix minutes. Je peux pas attendre plus longtemps. Ensuite je vais au Minou Joyeux. Tous ceux qui arriveront quand je serai déjà parti doivent aller directement là-bas. Mais dis à tout le monde de venir en tenue antiémeute si possible. Et prenez des armes. Beaucoup d'armes. Et beaucoup de munitions. Et envoie bien *tout le monde.*

– Tu veux tout le commissariat ?

– Je veux n'importe qui avec un flingue. Et tous ceux qui n'en ont pas. Envoie tout le monde. Il est temps de descendre ce putain de fils de pute.

– Ça marche, Benny. Je te rappelle dans une minute pour te tenir au courant. »

Benny raccrocha la CB au tableau de bord et utilisa son téléphone pour rappeler le Minou Joyeux.

Comme plus tôt, le téléphone sonnait dans le vide. Personne ne répondit.

43

Horrifiée, Bébé détourna le regard une fraction de seconde avant d'entendre Reg se mettre à hurler. Il criait comme une truie. Le couperet de l'Iroquois ne chômait pas. Bébé essaya d'occulter les bruits du corps de Reg en train de se faire découper. Elle n'avait jamais été si soulagée d'entendre Sam and Dave chanter « Hold on I'm comin' ». Sans eux, ce qu'elle aurait entendu aurait certainement été encore plus horrible.

Elle savait qu'il y avait des chances qu'elle soit la prochaine personne à rencontrer la lame de ce couperet. Elle avait déjà passé près d'une demi-heure à essayer de se défaire des cordes que Mack avait utilisées pour l'attacher au lit. Elle avait pratiquement abandonné cinq minutes plus tôt mais, depuis, les circonstances avaient changé. Une poussée d'adrénaline soudaine l'aida à rassembler toutes ses forces pour tenter de se libérer. Elle essayait aussi de tordre la bouche dans tous les sens dans l'espoir de défaire le scotch collé dessus. Mais tous ses efforts étaient vains.

Et elle ne pouvait pas non plus échapper à ce qui était en train d'arriver à Reg. Elle avait beau détourner le regard, Sam and Dave avaient beau couvrir les bruits les plus horribles, rien ne pouvait empêcher le sang de Reg d'éclabousser ses jambes et son ventre.

La jeune fille fut prise d'une nausée si forte qu'elle n'aurait cette fois-ci pas eu besoin de sirop d'ipéca pour se faire vomir. Elle priait pour que quelqu'un vienne la secourir. Mack le Slasher était quelque part derrière la porte, ainsi qu'une demi-douzaine de filles, mais avec la chaîne hi-fi qui braillait, aucun d'entre eux ne pouvait entendre les cris de détresse de plus en plus faibles de Reg.

Elle avait souvent entendu des gens qui avaient frôlé la mort parler de la façon dont leur vie avait défilé devant leurs yeux. Elle commença à se sentir étourdie. Soudain, tout devint flou. Plus rien ne semblait réel. Elle était en état de choc. Au-dessus d'elle, au plafond, un écran de cinéma imaginaire se déroula devant ses yeux. Des images stroboscopiques de sa vie défilèrent. *Des images vacillantes de sa mère et de son père. Un de ses premiers Noël, avec des cadeaux sous un grand sapin vert. Des souvenirs de ses premiers jours au Minou Joyeux.* Elle vit les femmes plus âgées lui lire des contes de fées avant d'aller dormir. Ses préférés étaient *Raiponce* et *La Belle au bois dormant.* Elle rêvait d'un preux chevalier ou d'un beau prince qui viendrait un jour la sauver de B Movie Hell. Mais si un chevalier ou un prince avait l'intention de faire une telle chose, il ferait bien de se dépêcher car ses minutes étaient comptées.

L'écran de cinéma au-dessus de sa tête roula en un cylindre et disparut. Bébé arrêta de se débattre et accepta son sort. Une étrange sensation de calme l'enveloppa. Elle fixa des yeux le plafond exactement comme elle le faisait lors de ses rares visites chez le dentiste. *Subis ce qui t'attend en regardant le plafond,* c'est ce que Clarisse lui avait toujours conseillé. Ça fonctionnait avec les dentistes et avec certains clients repoussants. Pour le moment, elle aurait fait n'importe quoi pour ne pas voir les restes de Reg, ou l'homme en train de le mutiler. L'écran de cinéma imaginaire avait laissé place à la silhouette du tueur masqué s'acharnant sur la carcasse de Reg avec son couperet.

La chanson de Sam and Dave arriva à son apogée et se conclut en même temps que le massacre de Reg.

Son assassin se dressait dans la vision périphérique de Bébé. Elle se figea lorsque son masque arriva dans son champ de vision, juste au-dessus de sa tête. Elle vit son couperet le long de son corps, et sa main fermement agrippée au manche. Le masque et le couperet étaient tous deux tachés de sang. Il gouttait de la lame, épais et grumeleux comme de la confiture. Bébé se demanda si son sang ressemblerait à celui-là.

Le tueur s'approcha et se mit à la fixer. Bébé resta totalement immobile. Pour des raisons qu'elle ne pouvait pas expliquer, elle voulait à tout prix éviter tout mouvement brusque. Elle resta allongée, respira par le nez et essaya de rester le plus calme possible. L'homme masqué ne fit que la regarder. Elle attendit qu'il dise quelque chose. Qu'il l'attaque. Qu'il la découpe en morceaux. Mais il ne dit rien. Il ne fit rien.

Au bout d'un moment incroyablement long et pénible elle tourna la tête, en prenant toujours soin d'éviter tout mouvement brusque. Son regard se posa sur les yeux derrière le masque.

Le silence fut interrompu par la grosse voix de Barry White émanant des enceintes de la chaîne hi-fi, qui roucoulait les mots « It feels so good », la première phrase de sa chanson, « I'm gonna love you just a little bit more ».

Soudain, l'Iroquois leva le couperet d'un mouvement rapide et s'apprêta à l'abattre sur le lit. Bébé hurla derrière le scotch et plissa les yeux de toutes ses forces. *Ça y est.*

Mais ça n'y était pas. À la place d'une douleur insoutenable, elle sentit soudain la tension se relâcher dans son bras gauche. Il lui fallut un moment pour se rendre compte que ce n'était pas sa chair que le couperet avait tranchée, mais la corde. Elle resta immobile, se demandant s'il avait vraiment l'intention de la libérer de ses liens.

Un autre rapide coup de couperet libéra sa jambe gauche. Elle rabattit instinctivement sa jambe contre son ventre, aussi loin que possible du couperet. Elle regarda l'horrible silhouette masquée faire le tour du lit. Même s'il avait libéré deux de ses membres, la vision de l'homme levant le couperet au-dessus de sa tête pour l'abattre sur la corde qui maintenait sa jambe droite lui donna la chair de poule. Il ne faisait plus attention à elle maintenant. Elle en profita pour soulever un coin du scotch sur sa bouche et tirer fermement dessus. Ce fut douloureux, comme elle s'y attendait, mais ce n'était pas le moment de s'apitoyer sur son sort.

« Qui êtes-vous ? » demanda-t-elle.

L'horrible silhouette à la crête rouge coupa la corde attachée à son autre jambe et leva les yeux.

« Et vous, est-ce que vous savez qui vous êtes ? » demanda-t-il.

Bébé regarda de nouveau au plafond. L'écran de cinéma imaginaire montra d'autres images de ses parents et de l'arbre de Noël. Elle fronça les sourcils.

« Je ne m'en souviens pas. » En voyant les images de ses parents, son estomac se noua. Une sensation de vide l'envahit, qu'elle n'avait pas ressentie depuis l'enfance.

« Vous êtes Marianne Pincent. »

Il abattit une dernière fois le couperet pour libérer sa main droite. Elle quitta des yeux le plafond et s'assit sur le lit, pliant ses genoux devant sa poitrine pour cacher de son mieux son corps nu. Elle recula aussi loin qu'elle put, pour mettre la plus grande distance possible entre eux. L'air de la chambre lui sembla soudain glacial, assez pour la faire frissonner. Elle le regarda, dans l'espoir qu'il ne donne plus d'explications sur ce nom, Marianne Pincent, un nom dont elle se souvenait. Un nom qui lui rappelait son enfance, même si ce souvenir était très lointain.

L'Iroquois enleva son masque et secoua la tête pour redonner forme à ses épais cheveux châtains. À visage découvert, le tueur était loin d'être aussi grotesque ou terrifiant. Il posa son couperet sur le lit, tachant de sang la couette rose, passa la main dans ses cheveux et prit une profonde inspiration.

« Je suis Joey Conrad, dit-il. Votre père m'envoie. Je suis là pour vous ramener à la maison. »

44

Munson posa son téléphone portable sur le tableau de bord de sa Mercedes. Il l'avait réglé de façon à capter la fréquence de la police locale. Ça parlait beaucoup, principalement des échanges entre les policiers et la réceptionniste du commissariat. Mais l'essentiel à savoir, c'était que Benny Stansfield avait demandé à tous les policiers de se rendre chez Mellencamp. Il avait mis en place un barrage routier et prévu de conduire une armée de flics au Minou Joyeux pour affronter l'Iroquois. Tout ça avait au moins un avantage pour Munson. Il était plus important pour les flics de tuer Joey Conrad que de trouver celui qu'ils prenaient pour un agent du FBI et l'empêcher de quitter la ville.

Il démarra la voiture et alluma les phares. Aucune autre voiture en vue. Il jeta un dernier coup d'œil au restaurant. Toutes les lumières étaient éteintes. Il avait laissé Candy sur le sol de la cuisine, attachée à un pied de table et bâillonnée avec un bout de tissu. Il s'en voulait un peu de la laisser là, mais il se rappela qu'elle était elle aussi mêlée à tout ça. Elle avait de son plein gré participé à la séquestration de Marianne Pincent. Et elle aurait dénoncé Munson à Reg ou Dieu sait qui dès leur arrivée au restaurant. En plus, avec Joey Conrad en liberté, elle était probablement plus en sécurité coincée là-bas. Les seuls habitants de B Movie Hell qui avaient une chance de passer la nuit étaient ceux qui avaient assez de bon sens pour rester cloîtrés chez eux.

La route était toujours assez calme mais avec tous les flics susceptibles de débarquer à tout moment, Munson se demanda s'il était vraiment prudent de risquer d'être vu sur la route. Ses pensées furent interrompues par la voix de la réceptionniste du commissariat qui grésilla de nouveau dans les haut-parleurs du téléphone de Munson.

« À toutes les unités, une Mercedes noire correspondant à la description de la voiture de Jack Munson a été vue sur le parking de l'Alaska Roadside Diner. Est-ce que quelqu'un est dans le coin ? »

Et merde.

Une voix d'homme répondit presque immédiatement.

« Ici McGready. Simcock et moi sommes à moins d'un kilomètre. On se dirigeait vers le Minou Joyeux mais on peut s'arrêter pour vérifier. On y sera d'ici deux minutes.

– Merci, Ken.

– Aucun problème.

– Ken ?

– Ouais ?

– Si tu vois Munson... S'il est là, le commissaire dit de tirer à vue. Il ne doit pas quitter B Movie Hell.

– Bien reçu, Stephanie. Terminé. »

Comme Munson le soupçonnait, et comme Pincent l'avait plus ou moins confirmé, les flics étaient après lui. Il se retrouvait seul à B Movie Hell, avec pour unique allié possible un tueur en série mentalement instable qui se baladait avec un masque d'Halloween sur la tête. Munson sourit en y pensant. *Il ne s'était pas senti aussi vivant depuis des années.*

Il éteignit les phares de sa voiture. Si les flics cherchaient sa Mercedes, alors il devait faire tout son possible pour ne pas se faire repérer. Il quitta le parking du restaurant et s'engagea sur la route. Il envisagea la possibilité de voler une voiture. Les flics étaient à la recherche de sa Mercedes noire. Conduire sans phares le rendrait difficile à repérer de loin, mais ce n'était peut-être pas le meilleur moyen de leur échapper. Le garage où l'Iroquois avait volé une voiture était probablement désert, mais il était à plus de trois kilomètres. C'était trop risqué. En plus, il devait se rendre au Minou Joyeux aussi vite que possible. C'était là qu'était toute l'action.

Il était difficile de croire, après toutes ces années, que Marianne Pincent était vraiment prisonnière de cet endroit. Munson se souvenait de ce qu'il s'était passé comme si c'était hier. Il se rappelait avoir juré de faire tout son possible pour aider à la retrouver. Il le pensait à l'époque mais, après six mois sans la moindre piste, il avait abandonné. Pas Pincent. Bon sang, Pincent n'avait même songé qu'à ça depuis. Ils supposaient tous qu'une petite fille avec une tache de naissance aussi identifiable serait facile à trouver. Mais au bout de quelques mois sans aucune piste, il n'était pas déraisonnable de supposer qu'on ne la retrouverait jamais. Tout le monde pensait silencieusement qu'elle était enterrée quelque part dans une tombe de fortune. Tout le monde, sauf le père.

Après avoir conduit dans l'obscurité pendant près de trois kilomètres sans croiser le moindre véhicule ou piéton, il aperçut enfin un signe de vie. Dans un virage au loin, il vit un gyrophare bleu et rouge. Un second apparut dans son rétroviseur presque immédiatement. Le gyrophare devant lui ne bougeait pas. Ça devait être le barrage routier de Benny Stansfield. C'était le moment pour Munson de quitter la route principale. Sa Mercedes s'enfonça dans les bois, disparaissant derrière des buissons juste avant que la voiture de police derrière lui ne le dépasse, toutes sirènes hurlantes.

Il se gara de façon à ne pas être vu depuis la route et éteignit la radio sur son téléphone. Il l'attrapa, vérifia qu'il restait des balles dans son arme et sortit de la voiture.

Il avait réussi à ne pas se faire repérer par les deux voitures de patrouille, mais il ne pourrait jamais passer le barrage routier. Il allait devoir le contourner. Et s'il voulait aller au Minou Joyeux, il allait devoir le faire à pied. Et vite.

Il se faufila à travers les buissons en direction du gyrophare, en prenant soin de ne pas trop s'approcher de la route. S'il était repéré, il était probable qu'il soit très vite abattu. «*Tirez à vue*», avait dit l'autre salope du commissariat.

Le gyrophare bleu continuait à éclairer le ciel noir, mais la sirène de la voiture de patrouille qui venait d'arriver s'arrêta. S'ensuivit un délectable moment de silence qui se termina beaucoup trop vite. Munson entendit le bruit des portières s'ouvrir et se refermer.

Il marcha lentement pour éviter d'attirer l'attention en écrasant une branche et se faufila derrière un grand arbre d'où il pouvait entendre ce qu'il se disait. Il n'entendit d'abord que des bavardages avant que quelqu'un ne dise quelque chose qui lui fit tendre l'oreille.

«Voilà Randall.

– Il doit être de mauvaise humeur, répondit une autre voix. Il a toujours pas dormi.»

Sans surprise, Munson entendit un autre véhicule approcher. Un pick-up bleu métallisé apparut dans un virage. Le conducteur ralentit et se gara sur le bord de la route derrière les deux voitures de patrouille et à quelques mètres seulement de la planque de Munson. Celui-ci se baissa pour ne pas être vu. Il entendit la portière s'ouvrir et, à travers les arbres, il vit un homme rondouillard vêtu d'une salopette en jean et d'une chemise rouge sauter au sol. C'était Randall, en civil.

«Qu'est-ce qui se passe, Benny? demanda Randall.

– L'Iroquois est chez Mellencamp.

– Alors qu'est-ce que vous foutez à attendre ici?

– On attend des renforts. Les forces antiémeute arrivent. On va l'avoir, ce fils de pute.

– Tu plaisantes, grommela Randall. Ce psychopathe aura tué tout le monde avant que vous arriviez. Je passe devant. Je vais buter ce salopard avec mon nouveau fusil.

– On peut pas te laisser faire ça, Randall.

– Pourquoi ?

– Ça fait cinq minutes que j'essaie d'appeler le Minou Joyeux. Personne ne répond. C'est peut-être déjà le chaos là-bas.

– Nom de Dieu, Benny. Raison de plus pour me laisser y aller ! Ce type a tué mon coéquipier la nuit dernière, et il a tué plusieurs de nos hommes aujourd'hui. Je vais pas rester là à attendre que vous vous sortiez les doigts du cul. Laissez-moi passer. Je suis d'humeur à me faire un tueur en série.

– Calme-toi, Randall, nom d'un chien !

– C'est toi qui vas te calmer, Benny. Je suis pas flic ce soir. Cette fois, c'est personnel.

– Seigneur ! Tu crois que tu pourrais faire encore plus cliché ?

– Oui, je pourrais. J'ai toujours suivi les règles, fait les choses comme il fallait. Eh bien, plus maintenant. À partir de maintenant, je suis un flic qui vit sur le fil du rasoir. Si le commissaire doit m'appeler dans son bureau demain matin pour m'incendier, qu'il le fasse. Je joue selon mes propres règles à partir de maintenant.

– Tu as bu, n'est-ce pas ?

– Tout l'après-midi.

– Et tu as encore regardé *L'Arme fatale* apparemment.

– Des extraits, ouais. Et *Piège de cristal*. »

Un autre flic vint donner son opinion.

« Benny, on n'a qu'à le laisser passer. C'est un dur à cuire. S'il veut passer devant, je vois pas le problème. »

Tandis que Benny, Randall et les autres policiers débattaient de l'intérêt d'envoyer Randall chez Mellencamp, Munson en profita pour se faufiler hors des buissons jusqu'au pick-up de Randall. Sans un bruit, il se hissa sur le rebord et roula sur le plateau arrière. Il atterrit sur quelque chose de mou et se cacha hors de vue, allongé sur le dos. Il écouta le reste de la conversation en regardant les étoiles.

« D'accord, Randall. Vas-y. J'essaie de rappeler Mellencamp pour lui dire que t'arrives. Enfin, s'il est toujours vivant.

– Oui. Bonne idée. À plus. »

Munson entendit les graviers crisser sous les bottes de Randall, qui retournait vers son pick-up. Il grimpa à l'intérieur et claqua la portière derrière lui en marmonnant quelques clichés tout droit sortis d'un film d'action des années 1980. Sans perdre une minute, il alluma le moteur et roula à tombeau ouvert jusqu'au Minou Joyeux, avec Munson pour passager clandestin.

45

Clarisse était nue de la taille jusqu'aux pieds, penchée sur le bureau de la réception du Salon Coquin. Mack le Slasher était derrière elle, le pantalon aux chevilles. Silvio Mellencamp lui avait donné une pause de dix minutes en disant qu'il pouvait avoir la fille qu'il voulait. Malheureusement pour Clarisse, c'était toujours elle qu'il voulait. Toujours par-derrière, et toujours sur le bureau.

Elle se tenait fermement au rebord du bureau et se servait de ses coudes pour empêcher ses carnets et stylos de tomber (même s'ils finissaient toujours par terre pendant les assauts vigoureux de Mack). Il n'avait aucun sens du rythme, aucune technique, et manquait cruellement d'imagination. Tout ce qu'il connaissait, c'était la force animale, et un mouvement répétitif de va-et-vient. Et lorsqu'il faisait claquer ses hanches contre le cul de Clarisse, il avait tendance à faire dangereusement trembler le bureau.

Dès le moment où il avait arraché son string et l'avait balancé Dieu sait où dans un violent accès de désir, le téléphone sur le bureau de Clarisse n'avait pas cessé de sonner. Elle avait pour l'instant manqué six appels. M. Mellencamp n'aimait pas beaucoup qu'elle rate des appels, mais puisque c'était sa faute si elle était en train de se faire malmener par son homme de main, elle se sentait dans son droit de ne pas décrocher le téléphone.

Plusieurs filles étaient passées devant eux et avaient ignoré le téléphone. Tout le monde savait que lorsque Mack baisait Clarisse sur le bureau (ce qui était fréquent), il ne pouvait pas jouir si quelqu'un était en train de parler, alors si quelqu'un avait décroché le téléphone et discuté devant lui, il aurait immédiatement débandé.

« Je crois que quelqu'un tente désespérément de nous joindre, Mack, dit Clarisse en serrant les dents, tout en empêchant une agrafeuse de glisser du bureau.

– La ferme, répondit Mack sèchement. J'ai presque fini. Arrête de m'interrompre.

– Dépêche-toi alors. »

Comme toujours, la technique de Mack n'envoyait pas vraiment Clarisse au septième ciel, alors tout en faisant semblant d'avoir un orgasme, elle pensa à Bébé. Elle avait entendu dire que le médecin était arrivé, et qu'il était dans sa chambre en ce moment même, en train de pratiquer un avortement. Mack avait refusé d'en discuter avec elle, mais on pouvait entendre un bruit de tous les diables en provenance de la chambre de Bébé au bout du couloir. Deux filles traînaient près de la porte pour voir si elles pouvaient entendre ce qui se passait. Mais tout ce qu'on entendait vraiment, c'était une musique assourdissante. De là où elle était, Clarisse avait du mal à reconnaître la chanson. Elle n'avait entendu aucun cri, mais ça ne voulait pas dire qu'il n'y en avait pas eu. C'était uniquement parce que la musique était bien trop forte pour les entendre.

Lorsque la chanson prit fin, un bref silence envahit la salle de réception et Mack réussit enfin à décharger sans qu'aucun bruit ne vienne le déranger. Il laissa échapper un soupir de soulagement.

« C'est bon. J'ai fini », dit-il triomphalement en remontant son pantalon. Il donna une fessée à Clarisse, comme il le faisait toujours, puis se pencha en avant et l'embrassa sur l'oreille. Ses lèvres étaient humides de sa propre salive, qui laissa un film gluant sur le lobe d'oreille de Clarisse.

« Je suis en haut si t'as besoin de moi, dit-il en reboutonnant son pantalon. Salut. »

Il trotta jusqu'à l'ascenseur à côté de la réception. Clarisse prit quelques secondes pour reprendre son souffle. Elle resta en position, penchée sur le bureau, une main agrippée à une agrafeuse, l'autre à une perforeuse. Lorsqu'elle entendit le ding de l'ascenseur indiquant que les portes s'étaient ouvertes, elle se redressa et mit de l'ordre sur le bureau. Mack entra dans la cabine et disparut vers un des étages supérieurs.

Une fois que tous les objets présents sur le bureau furent à leur place, elle regarda autour d'elle pour voir ce qui était arrivé à son string. La tenue standard pour travailler à la réception variait d'à moitié nue à complètement nue, aussi Clarisse ne portait-elle la plupart du temps qu'un soutien-gorge et un string. Le soutien-gorge était toujours à sa place mais, comme d'habitude, Mack avait balancé son string quelque part où il faudrait au moins cinq minutes à Clarisse pour le retrouver. Par le passé, elle avait trouvé certains de ses strings sur des abat-jour, dans des pots de fleurs et même une fois sur la tête d'un client aveugle.

Elle n'eut pas le temps d'aller bien loin avant que le téléphone ne se remette à sonner. Il avait arrêté de sonner au moment où Mack avait terminé son affaire. Clarisse soupira. De toute évidence, quelqu'un cherchait à tout prix à les joindre. La chasse au string allait devoir attendre. Elle décrocha le combiné.

« Le Minou Joyeux, bonjour.

– Clarisse, c'est toi ?

– Oui.

– C'est Benny Stansfield. Passe-moi Silvio immédiatement.

– Qu'est-ce qui se passe ?

– Il y a un médecin chez vous.

– Oui, je sais. Il est avec Bébé en ce moment.

– Clarisse, ce n'est pas un médecin. Le médecin est mort. C'est l'Iroquois.

– Hein ?

– Passe-moi Silvio et tire-toi vite d'ici ! »

46

Silvio Mellencamp se sentait enfin relaxé. Il était avachi dans le fauteuil derrière son bureau, un cigare à la main et un petit verre de cognac dans l'autre. Il ferma les yeux, arborant un large sourire. Jusqu'à ce que, pour changer, le téléphone se remette à sonner.

Il soupira et posa son verre de cognac sur le bureau.

« Pas moyen d'être tranquille une minute », marmonna-t-il dans sa barbe.

Il garda les yeux fermés et chercha à tâtons le téléphone sur son bureau. Lorsque sa main se posa dessus, il décrocha le combiné et le plaça contre son oreille.

« Silvio à l'appareil.

– Salut, Silvio. C'est Benny. Tout va bien ? »

Mellencamp ouvrit les yeux.

« Qui a dit que tu pouvais arrêter de me sucer ? lança-t-il d'un ton cinglant.

– Pardon ? demanda Benny.

– Pas toi, Benny. Je parlais à Selena. »

Sous le bureau, à quatre pattes, s'activait Selena, une des filles du Salon Coquin. Elle était relativement nouvelle et peu familière des règles de Mellencamp sur les fellations.

« Désolée, répondit-elle, en lui massant un peu les testicules avant de remettre sa bite dans sa bouche.

– Franchement, dit Mellencamp. C'est pas facile de trouver du bon personnel de nos jours, Benny.

– Silvio. Écoute-moi. L'Iroquois est avec vous.

– Quoi ? » Mellencamp regarda vers le bas pour s'assurer que c'était bien la bouche de Selena qu'il sentait autour de sa bite. Heureusement, ça l'était. « De quoi tu parles ?

– Le médecin qui est venu pour l'avortement de Bébé. Il est mort. Je l'ai trouvé dans le coffre d'une voiture. Celui qui l'a tué et a pris sa place, c'est l'Iroquois. Il est dans le bâtiment en ce moment même.

– Bordel de merde ! » Mellencamp entendait à la voix de Benny qu'il n'était pas en train de plaisanter. Le flic parlait à toute vitesse. « Vous êtes en chemin ?

– Bientôt, répondit Benny. J'attends juste l'équipe antiémeute. Randall est déjà en chemin mais, en attendant, reste aussi loin que possible de ce médecin ! »

Avant que Mellencamp ne puisse répondre, la porte de son bureau s'ouvrit brusquement. Mack entra d'un air guilleret.

« Salut, boss, dit-il en souriant de toutes ses dents.

– Mack. Benny dit que le médecin est mort. »

Mack fronça les sourcils.

« Non. Je viens de le laisser entrer dans la chambre de Bébé avec Reg. Il avait l'air d'aller bien.

– Ce n'était pas le médecin. Sérieusement, qui t'a dit d'arrêter de sucer ?

– Hein ?

– Je parlais à Selena.

– Oh. »

Toujours sous le bureau, Selena lança d'un air guilleret :

« Salut, Mack.

– Salut, Selena. Tout se passe bien ? »

Mellencamp tira sur son cigare, le posa sur le cendrier du bureau et, de sa main libre, remit la tête de Selena à sa juste place.

« Mack. Envoie tout le monde dans la chambre de Bébé. Le médecin est un imposteur. Le docteur Chandler, c'est l'Iroquois. Envoie tout le monde là-bas et tuez-moi ce fils de pute.

– Le docteur est quoi ? L'Iroquois ?

– Ouais. C'est le type qui a buté la moitié de la ville aujourd'hui. Retourne là-bas et mets-lui une balle entre les deux yeux, ou tords-lui son putain de cou, rien à foutre. Utilise l'interphone pour avertir tout le monde. »

Mack pigea enfin ce qui se passait. Il se précipita vers un meuble en bois vernis sous la télévision. Il y avait un interphone avec un micro que Mellencamp utilisait fréquemment pour faire venir les filles dans sa chambre quand il ne les trouvait pas. L'interphone était relié à tous les haut-parleurs du bâtiment. Mack le mit en marche, attrapa le micro et commença son annonce.

« Votre attention s'il vous plaît. Ici Mack. J'ai une annonce importante à faire de la part de Silvio. Tous les hommes de main doivent descendre immédiatement au Salon Coquin. L'Iroquois est dans la chambre de Bébé. Il est déguisé en médecin. Si vous le voyez, tirez à vue. Tirez pour tuer. »

Mellencamp l'interrompit.

« Dis-leur pour les cent mille dollars !

– Ah oui, et rappelez-vous qu'il y a une récompense de cent mille dollars pour celui qui tuera l'Iroquois.

– Parfait, dit Mellencamp. Maintenant descends et tue cet enculé. Appelle-moi quand c'est fait. »

Mack acquiesça et se dirigea d'un pas assuré vers la sortie, claquant la porte derrière lui. Mellencamp prit son cigare et saisit le téléphone.

« Tu as entendu, Benny. Tout est sous contrôle. On va tuer ce fils de pute d'une minute à l'autre.

– J'envoie quand même l'équipe antiémeute.

– Merci, Benny. »

Mellencamp raccrocha. Il attrapa son verre de cognac et en but une gorgée.

« Tout va bien ? demanda Selena.

– Oh, bon sang ! hurla-t-il en se mettant debout. Va chercher Jasmine. Et dis-lui d'apporter du yaourt. Et un gant de cuisine. »

47

S ans le masque, Joey Conrad ressemblait à un type normal. C'était étrange, car Bébé ne se sentait plus menacée quand il était comme ça, mais si elle voulait sortir du Minou Joyeux en un seul morceau, elle avait besoin du tueur qui avait débarqué au restaurant, avec son masque, sa veste en cuir rouge et son jean noir. Pas de ce type avec ce pantalon en toile froissé, cette chemise bleue miteuse et cette serviette en cuir.

Il l'interpella. Sa voix était exactement la même, sûre d'elle et agressive.

« Je te donne deux minutes pour nettoyer ce sang et une autre minute pour t'habiller. Ensuite, on se tire d'ici. »

Bébé regarda les éclaboussures de sang de Reg qui maculaient son corps. Il n'y en avait pas tant que ça, car la majorité formait une flaque au pied du lit. Mais il y en avait assez pour qu'elle veuille s'en débarrasser. *Très vite.*

Elle couru dans la salle de bains et sauta dans la douche. L'eau était glacée, mais elle ne pouvait pas se permettre d'attendre qu'elle se réchauffe. Elle voulait quitter cet endroit aussi vite que possible. Elle évitait de penser au fait que son seul moyen de sortir, c'était escortée par un tueur fou. S'enfuir, c'était tout ce qui comptait.

Elle frotta furieusement. Ce n'était pas seulement le sang de Reg qu'elle voulait faire partir, c'était aussi son odeur. La puanteur de la pièce. Elle regarda le sang s'écouler dans les canalisations, espérant que ce serait sa dernière douche au Minou Joyeux.

Quand elle fut certaine de s'être débarrassée de toute trace de Reg, elle bondit hors de la douche et attrapa une serviette rose sur le portant. Elle utilisa trente secondes de plus pour se sécher avant de foncer dans la chambre.

Elle fut accueillie par la vision de Joey Conrad enfilant sa veste en cuir rouge par-dessus un tee-shirt noir. La serviette qu'il avait apportée avec lui lorsqu'il s'était déguisé en médecin était ouverte sur le lit. Elle était vide, mais il n'y avait pas le moindre stéthoscope en vue. Elle n'avait contenu rien d'autre que les vêtements et les armes de l'Iroquois.

Tout en fouillant dans ses tiroirs, elle l'observa dans le miroir au-dessus de sa commode. Il avait passé autour de ses épaules un drôle d'engin en cuir marron qui formait plusieurs étuis pour cacher des armes. Il finit d'enfiler sa veste avant qu'elle n'ait le temps d'identifier une seule de ces armes.

Elle enfila un débardeur rouge et un jean, et le vit ramasser son masque en caoutchouc sur le lit. Il le glissa sur sa tête et l'ajusta afin de voir à travers les trous pour les yeux. Le masque était toujours aussi hideux, même si elle considérait maintenant l'homme qui se cachait en dessous comme un allié et sa meilleure chance de fuir B Movie Hell.

« Il te reste une minute. »

Elle récupéra ses baskets là où Mack les avait balancées un peu plus tôt. La blessure à son bras était toujours douloureuse, mais grâce à la poussée d'adrénaline et à l'excitation, elle savait que ça ne l'empêcherait pas de nouer ses lacets.

En les enfilant, elle entendit grésiller les haut-parleurs disposés à chaque coin de la pièce. Elle savait ce que cela signifiait. C'était une annonce de Silvio Mellencamp, dont le bureau était relié à tous les haut-parleurs du bâtiment. Le grésillement fut suivi de la voix de Mack.

« Votre attention, s'il vous plaît. Ici Mack. J'ai une annonce importante à faire de la part de Silvio. Tous les hommes de

*main doivent descendre immédiatement au Salon Coquin.
L'Iroquois est dans la chambre de Bébé. Il est déguisé en
médecin. Si vous le voyez, tirez à vue. Tirez pour tuer.»*

Bébé, qui était en train de lacer ses chaussures sur le rebord
du lit, regarda une nouvelle fois dans le miroir au-dessus de sa
commode. Le masque jaune maléfique de son sauveur se tourna
vers elle.

« On vient de perdre notre élément de surprise, dit-il. Tu peux
prendre tout ton temps pour te préparer maintenant. »

Avant qu'elle n'ait le temps de répondre, la voix de Mack se
fit de nouveau entendre.

*« Ah oui, et rappelez-vous qu'il y a une récompense de cent
mille dollars pour celui qui tuera l'Iroquois. »*

Encore une fois, Bébé se sentit terrifiée. Apparemment,
ils avaient peu de chances de pouvoir sortir de la chambre, et
encore moins du bâtiment.

« Ils vont nous tuer ! dit-elle. Ils sont nombreux et armés. Ils
vont nous tuer.

– Non, ils ne vont pas nous tuer. Mon premier plan est tombé
à l'eau, c'est tout.

– Oh non. C'était quoi, le plan ?

– Partir en courant et tuer tous ceux qui se trouvent sur notre
chemin. Mais c'est impossible maintenant. »

Bébé avait du mal à cacher son inquiétude. Elle savait de quoi
Mack et ses hommes étaient capables.

« Alors qu'est-ce qu'on fait maintenant ?

– Plan B.

– C'est quoi, le plan B ?

– On va sortir lentement et je vais tuer *tout le monde*. »

Bébé arrêta de nouer ses lacets.

« Sérieusement ?

– Sérieusement. »

Bébé songea à ses amies du Minou Joyeux. Elles n'étaient pas nombreuses, mais elle en avait quelques-unes, comme Chardonnay.

« Ce n'est pas la peine de tuer les autres filles, hasarda-t-elle, pleine d'espoir. Elles ne sont pas une menace. Et certaines sont mes amies.

– OK. Je ne tuerai pas les filles. Sauf si elles sont armées.

– Super ! »

C'était un soulagement. Un poids en moins sur la conscience. Les autres meurtres ne la ravissaient pas non plus, mais certaines des filles étaient là contre leur gré, comme elle.

« Est-ce que j'ai le temps de prendre quelques trucs avec moi ? demanda-t-elle.

– Comme j'ai dit. Prends tout ton temps.

– J'en ai pour une minute. »

Bébé finit de lacer ses chaussures et bondit hors du lit. Elle prit son eyeliner et son rouge à lèvres sur sa commode et les fourra dans un sac à main rose qu'elle jeta sur son épaule. Elle était en train de sortir son DVD de *Dirty Dancing* du lecteur lorsqu'elle entendit un gros bang contre la porte. Surprise, elle se retourna.

La porte fut enfoncée et deux agents de sécurité baraqués firent irruption. L'Iroquois les attendait. Il donna un coup de poing dans le nez du premier, qu'il balança contre le mur. Le second, pris par surprise, n'eut pas le temps de réagir. La botte du tueur se planta violemment dans la rotule de son genou droit. Bébé entendit les os se briser. C'était comme si on avait cassé en deux un pied de table en bois. L'Iroquois attrapa l'homme blessé par une poignée de cheveux et lui enfonça la tête dans le mur. Presque immédiatement, un troisième agent de sécurité déboula dans la chambre et rencontra à son tour le poing de l'Iroquois, exactement comme le premier. Bébé n'avait pas compté, mais elle était sûre que les trois hommes de main furent maîtrisés en moins de cinq secondes. L'Iroquois tira le troisième à l'intérieur de la chambre et referma la porte derrière lui. Les trois hommes étaient empilés sur le sol.

« Waouh, laissa échapper Bébé à voix haute. Ils sont morts ?

– Ouais. Il fallait faire vite, alors j'ai utilisé la technique Hallenbeck.

– C'est quoi, la technique Hallenbeck ?

– Enfoncer le nez dans le cerveau. Ça tue instantanément. Pour les grandes occasions. Ça y est, tu es prête ? »

Bébé glissa le DVD de *Dirty Dancing* dans son sac et regarda une dernière fois autour d'elle. Elle avait vécu dans cette chambre du plus loin qu'elle pouvait se souvenir, mais pas une seule pensée agréable ne lui vint en tête. Jusqu'à ce qu'elle voie le CD de la bande originale de *Dirty Dancing* posé sur la chaîne hi-fi à côté de la boîte vide de la compilation que Reg avait choisie. Il n'y avait aucun intérêt à avoir le DVD sans la bande originale qui l'accompagne. Elle courut le chercher et le glissa dans son sac.

« Je crois que j'ai tout.

– Bien. Reste aussi près de moi que possible. Comme ça, je pourrai te protéger.

– Et si on est séparés ?

– Va où il y a de la musique. J'adore tuer quand il y a de la musique. Trouve la musique, et tu me trouveras.

– D'accord. Mais vous savez que certains de ces hommes sont armés, n'est-ce pas ? Je les ai vus tout à l'heure. Ils ont des armes. »

L'Iroquois plaça une main sur la poignée de porte et s'apprêta à l'ouvrir. Avant ça, il montra du doigt son masque et fit une dernière remarque.

« Te laisse pas avoir par le sourire. Je suis pas aussi sympa que j'en ai l'air. »

48

L e trajet à l'arrière du pick-up de Randall fut assez caho-
teux. Plus d'une fois, le corps de Munson avait rebondi
dans les airs. À tel point qu'il craignait d'apparaître
régulièrement dans le rétroviseur de Randall. À cause de tout
l'alcool consommé pendant la journée, il se sentait maintenant
complètement déshydraté. Et son estomac n'appréciait pas beaucoup tous ces rebonds. La tasse de café bien fort qu'il avait bue
à l'Alaska avait fait des merveilles, mais il commençait à passer
dans son système et son estomac bouillonnait.

Sa main droite était agrippée à son pistolet, prête à viser et
tirer si un curieux regardait à l'arrière du camion.

Après un court trajet, le camion s'arrêta. Munson n'osa pas
laisser dépasser sa tête du véhicule pour voir où il était. Il se
contenta de rester concentré sur le ciel étoilé et sur les voix qu'il
entendait.

« Hé, Randall ! cria une voix d'homme. Je t'ouvre le portail.
Rentre. »

Randall se pencha par la fenêtre du camion et cria à son tour.

« Les flics sont en route, Ned. On a été informés que l'Iroquois avait débarqué ici, déguisé en médecin. Vous l'avez laissé
entrer ?

– Tu plaisantes, putain ?

– Non. Tu as vu un médecin ?

– Ouais. J'ai laissé un médecin entrer il y a une demi-heure à
peu près.

– Eh bien, tu as laissé entrer l'Iroquois !

– Merde. C'est quoi, ce bordel ?

– Je te le fais pas dire, *c'est quoi, ce bordel !* Benny a essayé d'appeler pour vous avertir, mais personne ne répondait. Vous avez rien entendu à l'intérieur ?

– Comme quoi ?

– Comme des gens en train de se faire découper par un couperet ? À ton avis, putain ?

– Non. Rien entendu. Mais je vais appeler Mack, bouge pas. » Munson entendit le bruit d'un talkie-walkie se mettre en marche. Il ne comprenait pas exactement ce qu'il se disait mais, apparemment, c'était grave. Si Joey Conrad était vraiment dans le bâtiment, déguisé en médecin, alors peut-être qu'il venait de révéler sa vraie identité.

« OK Randall ! hurla Ned. J'ouvre le portail. Mais je ferais mieux de venir avec toi. Ça a l'air sérieux. »

Munson entendit le grincement d'un grand portail électrique s'ouvrir. Il roula sur le ventre, prêt à tirer. Il pria pour que Ned, qui qu'il fût, décide de monter à l'avant avec Reg, plutôt qu'à l'arrière avec lui. Il perdit tout espoir lorsqu'il entendit Randall, à un mètre à peine de lui, se pencher par la vitre du pick-up.

« Monte à l'arrière ! » hurla Randall à Ned.

Et merde.

Le camion avança d'environ un mètre avant que Munson ne voie une paire de mains apparaître sur le rebord, pas très loin de sa tête. Le visage d'un maigrichon d'une trentaine d'années aux cheveux bruns hirsutes apparut. Il ne vit pas Munson allongé juste en face de lui dans l'obscurité. Il se hissa par-dessus le rebord du camion et passa une jambe à l'intérieur. Ce n'est que lorsqu'il fut presque face à face avec Munson qu'il remarqua enfin sa présence. Ses yeux s'écarquillèrent en voyant que quelqu'un l'attendait, allongé à l'arrière du pick-up. Pendant quelques instants assez embarrassants, les deux hommes restèrent immobiles à se regarder. Ils furent interrompus lorsque le camion accéléra et avança en cahotant. Au moment où les pneus touchèrent enfin le sol, Munson tira.

La balle n'avait pas loin à aller. Elle ne parcourut qu'une vingtaine de centimètres avant de voler en éclats dans la poitrine de Ned. Munson se sentit presque obligé de s'excuser mais, en toute honnêteté, ce n'était que la dernière de toutes les choses horribles qu'il avait faites à des gens qu'il venait de rencontrer aujourd'hui. L'expression sur le visage de l'homme se transforma immédiatement. Les muscles de son visage se relâchèrent, il sembla complètement dépité, comme s'il venait d'ouvrir un cadeau de Noël pour y découvrir un rat mort. Une seconde plus tard, il rendit son dernier soupir et son visage s'écrasa bruyamment contre le fond du camion.

À l'avant, Randall enfonça le frein.

« Putain de merde ! C'est quoi encore, ce bordel ? hurla-t-il en regardant par la vitre d'où venait le bruit. J'ai un pneu crevé ? »

Munson ne perdit pas une seconde. Il bondit sur ses genoux et pointa son pistolet vers le crâne de Randall. Le policier en civil vit d'abord le canon de l'arme avant de lever les yeux et de voir qui se tenait derrière.

« C'est pas ton jour », dit Munson.

Randall n'eut pas le temps de répondre. Munson tira une seconde fois. Même s'il ne visait pas depuis une grande distance, c'était toujours bon de savoir que son tir pouvait être précis lorsqu'il le fallait. Cela faisait longtemps qu'il n'avait pas tiré en situation réelle, il était donc soulagé de voir qu'il en était toujours capable. Cette fois la balle atteignit Randall pile entre les deux yeux. Sa tête partit en arrière et du sang jaillit de son crâne. Deux secondes plus tard, son corps était avachi sur le siège avant et les restes de son crâne pendaient par la fenêtre.

Munson bondit hors du camion. Derrière lui, il vit le grand portail électrique que le camion venait de franchir. Il se trouvait maintenant à l'intérieur de la propriété de Mellencamp. Le bâtiment principal était juste en face de lui, au bout d'un chemin de graviers. Il vit deux agents de sécurité habillés en noir courir à l'intérieur par l'entrée principale. Malheureusement, ils fermèrent la porte derrière eux.

Munson ôta sa veste et la jeta à l'arrière du pick-up. Même s'il n'avait pas de tee-shirt noir comme les autres agents de sécurité, il portait une chemise noire à manches longues et passerait mieux inaperçu sans la veste. Et il se déplacerait avec beaucoup plus d'aisance, ce qui lui ferait gagner un temps précieux. Les deux coups de feu qu'il avait déjà tirés avaient certainement attiré l'attention des hommes de Mellencamp, il ne devait donc pas traîner.

Il se baissa et courut vers l'entrée du bâtiment, son pistolet à la main. Alors qu'il s'approchait de la grande porte en chêne, il réfléchit à la façon dont il allait entrer. Il gravit les deux marches conduisant au seuil et tira sur la poignée. La porte ne s'ouvrit pas. Elle était fermée de l'intérieur.

Merde.

Munson recula de quelques pas. Il envisageait de contourner le bâtiment pour trouver une autre entrée lorsque, soudain, des coups de feu retentirent, suivis de hurlements. Une putain de fusillade faisait rage à l'intérieur du Minou Joyeux.

49

Bébé suivit l'Iroquois dans le couloir conduisant au bureau de Clarisse. Il régnait autour d'eux un chaos infernal. Des filles couraient dans tous les sens en hurlant, des portes claquaient. De la musique beuglait à travers la porte d'une des chambres. Bébé reconnut la chanson. C'était « Cry of the Celts » de la comédie musicale de Michael Flatley, *Lord of the Dance*. Elle l'avait entendue à moult reprises et l'avait toujours détestée.

Un peu plus loin, derrière le bureau de la réception, elle vit Clarisse. La réceptionniste leur tournait le dos. Elle était penchée en avant et inspectait un pot de fleurs. Le cul à l'air. Bébé essaya d'oublier la vision de ses fesses nues exposées à la vue de tous. Il y avait des choses plus importantes à voir. *Et à entendre.* En particulier le bruit d'autres agents de sécurité dévalant au pas de charge les escaliers près du pot de fleurs que Clarisse examinait. Le claquement de leurs bottes sur les marches était un peu perturbant. On aurait dit un troupeau de bisons.

Bébé resta derrière l'Iroquois, une main posée sur son dos. Ce n'était pas une mauvaise idée de rester aussi proche de lui que possible. Elle était convaincue que c'était l'endroit le plus sûr où elle pouvait être. Il s'accroupit sur un genou et plongea les deux mains dans sa veste rouge. Il en sortit deux pistolets. Des putains d'engins, remarqua-t-elle en s'accroupissant derrière lui. Quelque chose en lui inspirait confiance à la jeune femme. Ils étaient largement moins nombreux que la horde inépuisable d'hommes de main de Mellencamp et s'échapper du Minou Joyeux semblait être mission impossible, mais Bébé avait son propre tueur en série. Un preux chevalier, qui n'avait ni armure étincelante, ni cheval, mais un masque d'Halloween. Elle ne pouvait pas s'empêcher de penser, même si c'était un peu déplacé, qu'il avait quand même une putain de classe. Et il était à elle.

« Vous allez tous les tuer ? demanda-t-elle tandis que le bruit des hommes de main dévalant les marches se faisait de plus en plus assourdissant.

– Quand le moment sera venu, répondit-il, ses pistolets braqués sur l'escalier.

– C'est-à-dire ?

– Maintenant. »

L'Iroquois attendit que les genoux des agents de sécurité fassent leur apparition dans l'escalier pour ouvrir le feu avec ses deux pistolets énormes. Les mains sur les oreilles, Bébé regarda sept ou huit paires de jambes se briser, déchiquetées par une myriade de balles. Puis la partie supérieure du corps de ces malheureux dégringola l'escalier. Ils rebondirent et s'amoncelèrent en bas des marches. À côté d'eux, Clarisse était toujours penchée en avant, le cul à l'air. Mais elle avait maintenant ses doigts dans les oreilles. Lorsque les coups de feu cessèrent, elle retira ses doigts et se releva. Elle se tourna et vit Bébé cachée derrière le tueur masqué, observant par-dessus sa crête rouge le carnage qu'il venait de faire. La mâchoire de Clarisse tomba. Elle resta bouche bée devant eux pendant quelques secondes avant de recouvrer ses esprits.

Quel que soit l'objet qu'elle cherchait dans la plante (et Bébé soupçonnait que c'était son string), elle abandonna assez vite et prit ses jambes à son cou. Malheureusement, à peine eut-elle fait quelques pas qu'elle se prit les pieds dans le cadavre d'un des hommes qui gisaient au pied des marches. Elle trébucha et tomba la tête la première. Il ne lui fallut pas longtemps pour se relever et leur offrir une nouvelle vue sur son trou du cul. Malgré tout, Bébé était soulagée de la revoir sur pied, s'échappant par l'escalier en hurlant tout ce qu'elle pouvait.

L'Iroquois se releva.

« Par ici », dit-il en se dirigeant vers le couloir menant à l'ascenseur.

Bébé courut derrière lui, faisant de son mieux pour rester le plus près possible, cachée derrière son imposante silhouette. Lorsqu'ils atteignirent l'ascenseur, il pressa un bouton sur le mur pour l'appeler. Derrière eux, Bébé entendit quelqu'un crier.

« Ils sont là-bas ! »

Avant que Bébé n'ait le temps de réagir, Joey Conrad la protégea de son bras. Il la poussa derrière lui et s'apprêta à régler son compte à celui qui venait de hurler à l'autre bout du couloir.

« Baisse-toi », ordonna-t-il.

Il braqua ses pistolets vers le couloir et ouvrit le feu sans une seconde d'hésitation. Bébé s'accroupit derrière lui, les mains sur les oreilles. La dernière vague de coups de feu l'avait pratiquement assourdie et elle n'avait aucune envie d'en faire une nouvelle fois les frais.

Comme elle s'y attendait, un tir de barrage suivit. Elle ferma les yeux et attendit la fin. Le bruit dura cinq ou six secondes avant que le calme ne revienne. Elle plissa les yeux pour les ouvrir et regarda au bout du couloir. De nouveaux cadavres gisaient au milieu d'un panache de fumée. Elle entendit l'Iroquois ranger ses armes dans leur étui. Le ding de l'ascenseur suivit. Elle se tourna juste à temps pour voir les portes s'ouvrir sur la silhouette massive qui les attendait dans l'ascenseur. Bébé se figea lorsqu'elle vit Mack se dresser devant elle. Elle voulut crier pour avertir son ami masqué de ce qui l'attendait, mais il était trop tard.

Par-derrière, Mack enserra le cou de l'Iroquois de son bras. Il l'attira dans l'ascenseur avec lui. Bouche bée, elle regarda Mack serrer ses énormes mains autour du cou du tueur masqué et le projeter contre le mur de l'ascenseur. Les portes se refermèrent, la laissant seule de nouveau, abandonnée dans un couloir du Salon Coquin. Elle regarda les chiffres au-dessus de l'ascenseur indiquant qu'il remontait.

Le plan de Bébé pour s'échapper venait de tomber à l'eau. Elle n'était pas sûre de savoir quoi faire. Attendre que l'ascenseur redescende, ou courir vers l'escalier?

Trouver de la musique.

C'était peut-être l'idée la plus stupide qu'elle ait jamais eue, mais c'était ce que Joey Conrad lui avait dit de faire s'ils étaient séparés. «Cry of the Celts» passait toujours dans une des chambres près du bureau de Clarisse. Bébé se retourna et courut dans cette direction, sans trop savoir ce qu'elle espérait.

50

Munson regarda par une des fenêtres près de l'entrée de l'établissement. Elle donnait sur un grand hall avec une porte à double battant à l'arrière. Soudain, il vit une silhouette franchir à toutes jambes la double porte. C'était une femme, et elle se dirigeait vers la sortie, hurlant à pleins poumons.

Le timing était si parfait qu'il aurait pu la prendre dans ses bras. Elle enfonça la porte et descendit les marches en courant. Munson lui boucha le passage. Elle s'écrasa contre sa poitrine, leva les yeux vers lui et hurla. Munson la regarda de bas en haut. Elle portait un soutien-gorge en dentelle noir, et c'était à peu près tout. Il l'attrapa par le bras. Elle continua à hurler et se débattit, mais il était bien trop fort pour elle.

« Qu'est-ce qui se passe là-dedans ? cria-t-il, assez fort pour qu'elle l'entende par-dessus ses propres cris.

– Le tueur à la crête rouge, l'Iroquois. Il est à l'intérieur. Laissez-moi ! »

Elle essaya de se libérer, les yeux fixés sur le camion de Randall au bout de l'allée, mais Munson refusait de la laisser partir. À la place, il la tira vers lui.

« Je cherche une fille, Bébé, dit-il. Elle est à l'intérieur ?

– Bébé ?

– Vous savez très bien de qui je parle.

– Bébé. Ouais, elle doit être morte. Le tueur était dans sa chambre. Je viens de le voir sortir. C'est là que je suis partie en courant.

– Où est sa chambre ? »

La femme continuait à se débattre pour essayer de se libérer de Munson, en vain.

« Laissez-moi partir ! » hurla-t-elle.

Munson lâcha un de ses bras et sortit son pistolet de son holster. Il le braqua sur le visage de la fille.

« Où est Marianne Pincent ? » gronda-t-il.

Elle arrêta immédiatement de se débattre. Son regard se posa d'abord sur l'arme, puis sur Munson. Puis, comme si elle venait de prendre conscience de sa nudité, elle plaça sa main libre entre ses jambes pour cacher son intimité, avant de lui répondre.

« Elle est en bas. Après la réception. Descendez l'escalier dans la pièce suivante et c'est la première porte sur la droite. Mais elle est probablement morte. N'y allez pas. »

Munson regarda la femme de haut en bas.

« Vous devriez vraiment mettre un pantalon », dit-il. Puis il lâcha son bras et la regarda courir vers le camion de Randall.

La cervelle du policier ne pendait plus par la fenêtre. Mais lorsque la femme nue agrippa la poignée et ouvrit la portière, son cadavre lui tomba dessus et la renversa sur le sol. Écrasée par le corps, elle se remit à hurler mais, cette fois, ses cris furent étouffés par le cadavre qui gisait sur elle.

Munson inspira profondément et entra dans le bâtiment principal. Il fut accueilli par les cris d'une horde de jeunes femmes courant dans toutes les directions. C'était la distraction parfaite pour se diriger vers la chambre de Bébé. Il traversa en courant la réception, cherchant du regard une fille avec une tache de naissance bleue.

Un chaos monstrueux régnait autour de lui. Les cris et les pleurs d'hommes et de femmes de tous âges emplissaient les lieux. Il entendit d'autres coups de feu venant de l'étage inférieur et la musique d'un spectacle de Michael Flatley. Munson se dirigea prudemment vers la pièce où l'escalier était censé se trouver. Il vit des marches sur sa gauche. Elles conduisaient à l'endroit d'où venait tout ce raffut. Il s'immobilisa en haut de l'escalier. Tout en bas gisait une pile de cadavres. Quelqu'un avait tué un certain nombre d'agents de sécurité. Il pensait savoir de qui il s'agissait. Il brandit son pistolet et descendit l'escalier. Lorsqu'il atteignit les dernières marches, il vit une jeune fille en jean et débardeur rouge courir le long d'un couloir dans sa direction. Elle avait une tache de naissance bleue sur le visage. C'était la fille de la photo sur le téléphone de Fonseca. Leurs regards se croisèrent et ils se figèrent tous les deux.

« Êtes-vous Marianne Pincent ? » hurla-t-il par-dessus le vacarme.

Elle sembla surprise, mais répondit rapidement.

« Oui.

– Je suis Jack Munson. Tu m'appelais *Oncle Jack* autrefois. Je suis du FBI. Je suis là pour te sortir d'ici. » Il tendit la main. « Viens. Dépêche-toi, le temps presse ! »

avec plusieurs autres de ses employés il s'attendra à recevoir
un ou deux coups de feu, qui signifieraient que l'incident était

51

Silvio Mellencamp s'appuya contre son bureau et but une gorgée de cognac. Il regardait la porte tout en écoutant le chaos qui faisait rage de l'autre côté. Des gens étaient en train de mourir en bas. Il y avait un sacré boucan, beaucoup de cris et de coups de feu, beaucoup plus qu'il n'avait imaginé.

Du plus loin qu'il se souvienne, il n'avait jamais eu aucune raison d'avoir peur de quiconque. Mais ce psychopathe d'Iroquois lui avait donné pas mal de raisons de s'inquiéter. B Movie Hell, la ville de Mellencamp, *sa putain de ville à lui*, avait été mise à feu et à sang par ce type en moins d'une journée. Et ce putain de barjo était quelque part entre les murs de l'établissement.

Mellencamp avait fermé à clef son bureau dès que Selena était partie. Ça faisait maintenant plus de deux minutes qu'il avait envoyé son meilleur homme, Mack, en mission de destruction avec plusieurs autres de ses employés. Il s'attendait à entendre un ou deux coups de feu, qui signifieraient que l'incident était clos. Mais les coups de feu n'en finissaient plus. Ce qui ne pouvait vouloir dire qu'une seule chose. L'Iroquois n'était pas encore mort. Mellencamp devenait de plus en plus nerveux à chaque seconde. Il restait immobile, les yeux écarquillés, à fixer la porte et à se demander qui arriverait en premier, Mack ou l'Iroquois. Un coup bruyant à la porte le fit sursauter.

« Qui est là ? demanda-t-il.

— C'est Jasmine. Selena dit que vous vouliez me voir.

— Ah, oui, une seconde. »

Il soupira de soulagement et se dirigea vers la porte en faisant tourner son cognac dans son verre. Il déverrouilla la porte et ouvrit. Jasmine se tenait devant lui, en guêpière rouge, bas noirs et talons aiguilles. Il l'examina de haut en bas et lui fit un clin d'œil approbateur. Même face à un danger mortel, il ne pouvait qu'apprécier un tel spectacle. Il la fit entrer et referma la porte à clef avant de vérifier qu'elle était bien verrouillée. Le simple fait d'avoir Jasmine dans la pièce avec lui l'apaisa énormément. Elle ne semblait pas le moins du monde paniquée par tout le bruit qui venait d'en bas. Et il savait que lorsqu'elle commençait à le sucer, elle pouvait lui faire oublier n'importe quoi. Même un danger mortel.

Il se tourna et la trouva appuyée contre son bureau. Elle vérifiait ses ongles.

« Tu as apporté le gant de cuisine ? demanda-t-il.

– J'étais censée le faire ?

– Oui. Selena ne t'a pas dit ?

– Non. Par contre, elle a entendu dire que l'Iroquois était dans le bâtiment. C'est vrai ? »

Mellencamp fit la grimace.

« À ton avis ? Tu n'entends pas les coups de feu ?

– Ah, c'est ça ?

– Ouais. Mack et les garçons sont en train de s'occuper de lui en bas. Mais ne t'inquiète pas, toi et moi, on est parfaitement en sécurité ici. » Il ouvrit sa robe de chambre et lui agita son pénis sous le nez. « Occupons-nous un peu pour nous changer les idées.

– Vous préférez pas attendre que ce soit terminé ? demanda Jasmine, ignorant son pénis tournoyant.

– Nom d'une pipe ! Tu vas pas t'y mettre toi aussi ?

– De quoi parlez-vous ?

– Selena. Elle arrêtait pas de l'ouvrir. C'est pour ça que je t'ai fait venir. Tu es ma préférée, Jasmine, parce que tu sais me changer les idées. Alors rends-moi service, mets-toi à genoux et ferme-la. Enfin non, je veux dire, ouvre-la mais ne parle pas. Cette Selena bavardait avec tout le monde au lieu de faire ce qu'elle était censée faire.

– C'était pour être sympa.

– Oui, eh bien, c'était pas le moment. Tu as de la chance que je t'aie appelée. C'est l'endroit le plus sûr de tout le bâtiment. La porte est fermée à clef, personne n'entrera. Alors, pour me remercier, le moins que tu puisses faire, c'est te mettre à genoux et arrêter avec toutes tes questions!»

Jasmine eut du mal à cacher son manque d'enthousiasme face à la tâche qui l'attendait. Elle s'était déjà occupée de sa bite, ses couilles et son cul deux fois aujourd'hui. Trois fois en une journée, ce n'était pas courant.

«Et ne prends pas cet air dépité», dit Mellencamp avec un petit sourire méprisant.

Jasmine se baissa et avança jusqu'à lui à genoux. Elle savait exactement quoi faire pour exciter Mellencamp. Il aimait beaucoup la plupart des filles, mais aucune ne savait caresser ses testicules comme Jasmine, et sa technique de fellation était inégalée. Les filles les plus malignes avaient toutes compris que celles qui faisaient les meilleures pipes étaient systématiquement réquisitionnées pour satisfaire le chef. Soit Jasmine n'avait pas encore compris, soit elle ne savait simplement pas comment faire une mauvaise pipe.

Pendant les deux minutes qui suivirent, alors qu'il sirotait son verre de cognac et regardait les magnifiques cheveux noirs de Jasmine, il oublia complètement l'Iroquois. Bon sang, cette fille était douée. Elle pouvait vraiment lui faire oublier n'importe quoi.

Il était en train de guider la main de Jasmine vers son anus lorsqu'on frappa de nouveau à la porte.

«Qui est-ce? cria-t-il.

– Mack.

– Excellent. Tu l'as eu?

– Ouais, je l'ai eu, boss. Je lui ai tordu le cou dans l'ascenseur.

– Merveilleux ! Tu es une légende, Mack. Entre donc. Je vais dire à Jasmine de s'occuper de toi pour te remercier. »

Il sortit son pénis de la bouche de Jasmine et la poussa en arrière.

« Attends ici une minute, ma belle, dit-il.

– Il faut aussi que je suce la bite de Mack ? grommela Jasmine.

– Hé ! Rappelle-toi ce que je t'ai dit. Quand tu es à genoux, je ne veux pas t'entendre dire un mot. Compris ? »

Jasmine hocha la tête. Elle semblait vouloir se plaindre mais eut le bon sens de garder ses remarques pour elle.

Mellencamp déverrouilla la porte et l'ouvrit. Mack se tenait devant l'entrée.

« Entre, baisse ton pantalon, mets ta bite dans la bouche de Jasmine et raconte-moi tout », dit Mellencamp en tenant la porte et en lui faisant signe d'entrer.

Mack resta immobile.

« J'y vois rien, boss.

– Quoi ? »

Mellencamp regarda sur le seuil de la porte. Il leva les yeux vers Mack et fut stupéfait de voir du sang couler à flots sur le visage du colosse. Il regarda de plus près. Les orbites de Mack étaient vides. Du sang coulait des deux trous noirs béants qui avaient jadis contenu ses yeux.

« PUTAIN DE MERDE ! »

Mack tomba soudain à genoux. Mellencamp recula d'un pas.

« Mack ? *Mack* ? »

Avant qu'il ne puisse lui demander ce qui se passait, le géant tomba en avant. Son visage s'écrasa bruyamment sur le tapis qu'il avait accidentellement aspergé de pisse plus tôt dans la journée. Un couperet était planté dans son dos, pile entre les omoplates. Il était enfoncé d'une bonne dizaine de centimètres.

Mellencamp regarda sur le seuil de la porte et aperçut le propriétaire du couperet debout derrière Mack. Pour la première fois, il se retrouvait face à face avec le psychopathe masqué qui terrorisait sa ville. L'Iroquois entra dans la pièce. Il se pencha et arracha son couperet du dos de Mack. Puis il fit une grande enjambée en direction du patron du Minou Joyeux.

« Attendez. Attendez ! supplia Mellencamp, qui recula précipitamment tout en essayant de le convaincre de lui laisser la vie sauve. J'ai de l'argent. Si c'est l'argent qui vous intéresse, j'en ai autant que vous voulez. Vous pouvez venir travailler pour moi. Donnez-moi une somme. »

L'Iroquois ne répondit pas. Il continua de marcher en direction de Mellencamp, son couperet ensanglanté à la main.

« Je peux vous donner un million tout de naaaaa-aaaaagh… »

Le pied de Mellencamp se prit dans quelque chose sur le sol derrière lui et il tomba à la renverse. Il avait trébuché sur Jasmine, qui était restée à quatre pattes derrière lui. Sa tête cogna contre le sol et il laissa tomber son verre de cognac. Il n'était pas en état de se relever rapidement. À la place, il lança un regard noir à Jasmine et hurla.

« Espèce d'idiote ! Salope, t'aurais pas pu dire quelque chose ? »

Jasmine se releva. Elle baissa les yeux sur lui.

« Vous m'avez dit de me taire quand je suis à genoux. »

Le tueur à la crête rouge avança de quelques pas et s'arrêta à côté d'elle. Jasmine recula prudemment vers le bureau.

« Tu peux partir, lui dit le tueur masqué. C'est pour lui que je viens.

– Vous allez le tuer ? demanda Jasmine.

– D'une minute à l'autre.

– Dans ce cas… » Jasmine regarda Mellencamp. Sa robe de chambre était grande ouverte. Il était allongé sur le dos, jambes écartées, à sa merci. Elle prit son élan et lui balança son pied droit dans les testicules. Le bout de sa chaussure visa l'endroit le plus douloureux. Ses testicules lui remontèrent presque dans l'estomac. L'expression sur le visage de Mellencamp passa de la terreur à l'agonie en moins d'une seconde. Il ferma les yeux et hurla. Avant qu'il ne puisse soulager la douleur de ses mains, Jasmine y planta son talon aiguille qui s'enfonça dans son scrotum, pile entre les testicules. Elle tourna le pied à 90 degrés, ce qui causa un étrange bruit de crissement. Mellencamp grimaça et cria.

« Espèce de salope ingrate ! Après tout ce que j'ai fait pour toi ! »

Jasmine s'autorisa un petit sourire satisfait.

« Suce-moi ça !

– C'est bon, tu as terminé ? demanda une voix derrière lui.

– Oh oui. »

Jasmine se retourna et passa devant l'Iroquois. Elle quitta fièrement la pièce avec la démarche de quelqu'un qui vient de gagner à la loterie.

Mellencamp attrapa ses couilles et roula sur le côté, grimaçant de douleur. L'ombre du tueur se dressa au-dessus de lui. L'Iroquois se pencha en avant et l'attrapa par la gorge. Mellencamp regarda les yeux noirs derrière le masque jaune. Le tristement célèbre baron du crime de B Movie Hell était maintenant bien trop effrayé pour parler. Il pleurait comme une petite chienne et ses testicules le faisaient terriblement souffrir. Il craignait aussi d'avoir chié dans sa robe de chambre préférée.

L'Iroquois le souleva du sol. Il parla d'une voix rauque.

« Mauvaise nouvelle. Pas de mort rapide pour toi. »

52

Escortée par Jack Munson, Bébé se fraya un chemin à travers les cadavres jusqu'au rez-de-chaussée. Il disait être son Oncle Jack. Elle ne se souvenait pas de lui et n'était pas sûre de pouvoir lui faire confiance. Mais elle ne l'avait jamais vu au Minou Joyeux avant, il était donc probablement étranger à la ville. Et d'après les films qu'elle avait vus, il ressemblait vraiment à un agent du FBI, même s'il était banalement vêtu d'un pantalon gris et d'une chemise noire. Peut-être était-il vraiment son Oncle Jack? Ça n'avait pas beaucoup d'importance au final, parce qu'il la tenait fermement par la main et il était armé. Il ne lui en fallait pas plus pour être convaincue.

Le Minou Joyeux s'était transformé en asile de fous. Il y avait des gens partout, tous plus ou moins vêtus. Des cris, des hurlements, des coups de feu, et le clic-clac des talons aiguilles à plumes rebondissait sur les murs dans toutes les directions. Heureusement, cette connerie de *Lord of the Dance* s'était enfin arrêtée. Une nuisance sonore en moins.

Lorsqu'ils arrivèrent en haut de l'escalier, Munson hésita et regarda autour de lui. Les yeux de Bébé se posèrent sur les portes de l'ascenseur dans un coin du hall principal. Elles étaient toujours fermées à cet étage. Elle se demandait ce qui était arrivé à l'Iroquois. Même si Munson avait dit qu'il allait la sortir d'ici, elle ne pouvait pas s'empêcher de penser qu'elle avait de meilleures chances d'en sortir vivante escortée par son propre tueur en série masqué.

« Par ici ! » cria Munson en la tirant vers la porte à double battant qui menait à la réception. Ils franchirent le seuil et le cœur de Bébé s'arrêta presque de battre. La porte d'entrée du manoir était grande ouverte. La réception était prise d'assaut par une horde de policiers armés jusqu'aux dents, vêtus des pieds à la tête d'un uniforme bleu marine et d'un casque assorti. À leur tête se dressait fièrement Benny Stansfield, dans son costume gris. Munson s'arrêta si brusquement que Bébé lui rentra dedans.

Benny Stansfield pointa son pistolet, qu'il tenait des deux mains, dans leur direction. Le groupe de policiers derrière lui, dont la plupart étaient armés de mitrailleuses, fit de même.

« Lâchez votre arme, monsieur ! hurla Benny par-dessus le vacarme.

— Merde », marmonna Munson. Puis il cria à Benny : « Je n'ai pas l'intention de tirer !

— Ça, je le sais, parce que vous allez vous baisser lentement et poser cette arme sur le sol, ou c'est moi qui vais tirer.

— D'accord, d'accord. » Munson baissa son arme, tenant la crosse de deux doigts. Il se pencha en avant et la posa sur le sol. Il se redressa et leva les mains pour montrer qu'il se rendait. Puis il murmura à Bébé :

« Pas de panique.

— Vous êtes Jack Munson, je présume, dit Benny en gardant son arme braquée sur la poitrine de Munson.

— Vous savez que vous ne vous en tirerez pas comme ça », répondit Munson.

Benny l'ignora. « Où est Mellencamp ? » demanda-t-il.

Munson leva les bras, les paumes vers le haut.

« Aucune idée. Je l'ai jamais rencontré. Je sais même pas à quoi il ressemble.

— Bébé ? demanda Benny en se tournant vers elle. Où est Silvio ?

— Je sais pas. Sûrement en haut, dans son bureau. »

Benny fit signe à deux de ses hommes.

« Vous deux, allez voir en haut. » Il fit signe à deux autres. « Vous deux, en bas. Les autres, vous restez avec moi. »

Obéissant diligemment, deux flics de la brigade antiémeute passèrent au pas de course devant Bébé et Munson et se dirigèrent vers le Salon Coquin par l'escalier. Ils bousculèrent au passage une fille qui détalait dans l'autre direction en hurlant à se décrocher la mâchoire. Deux autres flics prirent la direction de l'escalier qui longeait le mur jusqu'à un balcon juste au-dessus de la tête de Bébé.

Munson lança à Benny.

« Écoutez, mon pote, je suis du FBI. Vous vous êtes mis dans un sacré pétrin. J'ai déjà informé le bureau de ce qui se passe ici. »

Benny était en train de regarder ses hommes monter les marches. Lorsque Munson eut fini de parler, il lui jeta un coup d'œil, comme s'il n'avait pas entendu ce qu'il venait de dire.

« Jack, dit-il avec un sourire narquois. C'est bien Jack ?

– Oui.

– Voilà le truc. J'en ai rien à foutre de ce que le FBI sait. On est à B Movie Hell. On a nos propres règles. Si Mellencamp veut se débarrasser de vous, et je sais que c'est ce qu'il veut, alors on se débarrasse de vous. Et probablement aussi de Bébé.

– On peut peut-être trouver un arrangement, dit Munson. On est dans la même équipe.

– Je crois pas, non. Vous êtes un mort en sursis. Mais ce n'est pas pour vous qu'on est là. Je veux savoir ce qui est arrivé au médecin venu tout à l'heure ? Est-ce qu'il y a un putain de médecin dans la maison, bordel ? »

Munson secoua la tête.

« Je vois pas de quoi vous parlez.

– Je parle d'un tueur en série, qu'on appelle l'Iroquois, qui est arrivé ici déguisé en médecin. Où est-il ? À moins que ce ne soit vous, Munson ? C'est vous qui vous baladez avec un masque en tuant les habitants de ma ville ?

– Bien sûr que non, répliqua Munson.

– C'est peut-être évident pour vous, mon ami. Mais pas pour nous. Si quelqu'un débarque ici, on peut toujours leur dire qu'on vous a descendu parce que c'était vous, l'Iroquois.

– Ça pourrait marcher, dit Munson. Si mon chef ne connaissait pas déjà l'identité de l'Iroquois. Vous ne la connaissez peut-être pas, mais moi oui, et mes supérieurs aussi. Si vous m'accusez des meurtres, ils vous balanceront en prison. Tête de con.

– *Tête de con*? C'est moi que tu traites de tête de con?

– En effet. »

Benny leva son arme de quelques centimètres et tendit le bras, laissant supposer qu'il était prêt à tirer sur Munson.

« Ce n'est pas très gentil.

– Vous savez quoi, je viens de me rendre compte de quelque chose, dit Munson avec un petit sourire.

– Quoi?

– Vous n'avez jamais tiré sur personne avant, n'est-ce pas? Vous hésitez depuis tout à l'heure comme si vous ne vouliez pas vraiment me tirer dessus. »

Bébé regrettait de ne pas pouvoir aider. Elle regarda autour d'elle, cherchant quelque chose qu'elle pourrait utiliser pour se défendre ou pour faire distraction. À sa surprise, il ne lui fallut que quelques secondes pour trouver ce qu'elle cherchait. Son seul problème, c'était d'y accéder. Il y avait six policiers armés jusqu'aux dents, dont Benny, et ils avaient tous leur arme braquée sur Munson. Elle recula d'un pas hésitant. Personne ne sembla la remarquer. Il y avait un canapé à sa droite. C'était le canapé sur lequel Chardonnay et elle étaient assises un peu plus tôt quand Mack avait débarqué pour la traîner en bas. Elle devait y accéder.

Elle fit un autre pas en arrière tandis que Benny et Munson continuaient à échanger des insultes de macho et à jouer au plus malin. Un des flics derrière Benny semblait la surveiller, mais c'était difficile à dire parce qu'il portait un casque anti-émeute. Son arme semblait bouger lentement dans la direction de Bébé. Elle fit un pas de plus vers le canapé et posa sa main sur l'accoudoir.

« Qu'est-ce que vous faites ? » demanda le flic en braquant son arme sur elle.

Tout le monde se tourna vers Bébé.

« On m'a tiré dessus tout à l'heure, dit-elle. Je me sens pas très bien. » Sans attendre que quelqu'un l'en empêche, elle glissa sur le canapé et s'assit.

Benny garda son arme pointée sur Munson mais cria dans sa direction.

« T'as pas intérêt à bouger de là, Bébé !

– OK.

– Munson. À genoux. »

Bébé regarda Munson se mettre à genoux. Benny s'approcha de lui et braqua son pistolet contre sa tête. Il allait tuer l'agent du FBI de sang-froid, Bébé en était convaincue. Il était temps de mettre son plan en marche. Elle attrapa la télécommande de la télévision. L'écran devant elle affichait l'image figée du bar bondé de *Coyote Girls*. Chardonnay l'avait mis sur pause sous la menace de Mack. Bébé appuya sur le bouton LECTURE de la télécommande. Sur l'écran, le personnage joué par Maria Bello hurla dans un mégaphone.

« Je vous demanderais de faire un accueil digne des Coyote à Mlle LeAnn Rimes ! »

Surpris par la voix perçante qui sortit du téléviseur, les policiers commencèrent à braquer leurs mitrailleuses dans toutes les directions, tout en penchant la tête pour essayer de comprendre ce que LeAnn Rimes pouvait bien venir faire à B Movie Hell. Benny se détourna de Munson pour voir ce qui se passait.

« C'est quoi, ce bordel ? » dit-il, complètement désorienté.

Les autres flics se tournèrent vers Bébé et la télévision. Sur l'écran ils virent LeAnn Rimes et les Coyote Girls danser sur le bar et chanter « Can't fight the moonlight ». Ils restèrent scotchés pendant quelques secondes, avant que Benny ne hurle.

« ÉTEINS CETTE MERDE ! »

Bébé pointa la télécommande vers l'écran et fit semblant d'appuyer sur un bouton. Elle haussa les épaules.

« Elle veut pas s'éteindre.

– Bon Dieu de merde ! »

La distraction avait été efficace. Benny semblait maintenant hésiter à tuer Munson. Il leva son arme et la baissa immédiatement. Il secoua les bras, comme pour les détendre, et leva son arme à nouveau. Ce cinéma dura quelques secondes avant qu'il ne se décide enfin et braque son arme d'un air assuré. Bébé eut le souffle coupé lorsque Benny commença à presser son doigt sur la détente.

Mais il hésita une seconde de trop. Soudain, un objet de la taille et de la forme d'un ballon de football tomba du balcon au-dessus de sa tête. Benny le vit juste à temps. Il l'attrapa dans ses bras avant qu'il n'atteigne sa poitrine. L'objet fit presque tomber son arme de sa main. Il regarda ce que c'était. *Tout le monde regarda.*

C'était la tête de Silvio Mellencamp. Elle était pâle et flétrie, mais une grande quantité de sang s'en écoulait.

« MEEEERDE ! » Benny laissa tomber la tête sur le sol. Elle roula vers Bébé et s'arrêta sur le côté. La langue de Mellencamp sortit de sa bouche et lécha le sol tandis que le blanc de ses yeux dévisageait la jeune fille.

Benny tituba vers l'arrière. Il avait du sang sur les mains et sur son costume beige. Il leva les yeux vers le balcon. Ses camarades pointèrent tous leur arme vers le haut pour voir qui venait de leur balancer la tête de Mellencamp.

Un autre objet vola par-dessus le balcon. Beaucoup plus gros cette fois. Le corps d'un homme. Un policier. C'était un des deux agents que Benny venait d'envoyer dans le bureau de Mellencamp. Benny s'écarta en chancelant. Le corps atterrit sur le sol dans un gros bruit sourd, dispersant les policiers qui s'écartèrent du passage. Bébé sentit le sol trembler sous ses pieds. Le corps venait d'émettre un grognement.

« Il est toujours vivant ! hurla quelqu'un.

– C'est quoi, ce truc dans sa main ? marmonna quelqu'un d'autre.

– Une grenade.

– Merde. »

Une petite grenade roula hors de la main du policier. Elle clignotait en émettant un sifflement perçant. Un énorme nuage de fumée en sortit, se répandant rapidement dans toutes les directions. La pièce fut presque instantanément envahie de fumée. Bébé entendit les gens tousser et balbutier, prisonniers de la fumée.

S'ensuivit un tir de barrage en provenance du balcon. Bébé plongea dans un coin du canapé pour être aussi loin que possible du centre de la pièce. Les coups de feu étaient assourdissants. Les flics commencèrent à riposter à l'aveugle depuis le nuage de fumée qui les nimbait. Bébé mit les mains sur ses oreilles et essaya de se concentrer sur LeAnn Rimes et les Coyote Girls. Elle pouvait à peine les voir à travers la fumée et elles donnaient maintenant l'impression de danser sur une symphonie de coups de feu et de hurlements, plutôt que sur « Can't fight the moonlight ».

Il devint rapidement difficile de respirer et Bébé, enveloppée de fumée, commença à tousser, incapable de reprendre son souffle. Elle mit la main devant sa bouche et son nez. La fumée lui piquait les yeux.

Finalement, alors que « Can't fight the moonlight » touchait à sa fin, les coups de feu cessèrent et la voix de LeAnn Rimes redevint audible. Bébé entendit quelques gémissements à travers la fumée qui se dissipait. Elle regarda au centre de la pièce, les yeux pleins de larmes à cause de la fumée. On n'y voyait pas grand-chose. Mais, soudain, la main d'un homme l'attrapa par le bras et la tira hors du canapé.

Ils traversèrent la fumée jusqu'à la porte d'entrée. Elle trébucha sur quelques corps mais ne ralentit pas, impatiente de pouvoir respirer l'air frais de l'extérieur. Celui qui lui tenait la main semblait savoir où il allait. Elle pouvait sentir l'air s'assainir à chaque pas. Elle avait l'impression que ses poumons s'étaient complètement fermés. Mais elle sentit soudain l'air frais sur son visage. Son sauveur la traîna hors de la fumée, dans l'air froid de l'extérieur.

Bébé ouvrit grand la bouche et essaya d'avaler autant d'oxygène que possible. Elle toussa et se plia en deux pour retrouver son souffle. Son sauveur la tenait toujours fermement par le bras gauche. Elle prit une grande inspiration, se redressa et regarda le visage de l'homme qui l'avait sortie du bâtiment.

C'était Benny. Il l'attira plus près de lui et enserra sa taille de son bras. Il pressa son corps contre son dos et posa le canon de son arme sur sa tempe.

« Tu viens avec moi, dit-il. Si tu bouges d'un poil, tu es morte. »

53

Benny s'éloigna à reculons de l'entrée du Minou Joyeux en tenant fermement Bébé par la taille. La jeune fille garda les yeux fixés sur les portes du bâtiment, dans l'espoir de voir l'Iroquois apparaître. Elle savait que, quelque part à l'intérieur, quelqu'un était toujours vivant car, de temps en temps, un coup de feu lointain retentissait. Mais toutes les issues étaient enfumées, il était donc difficile de voir ce qui se passait entre les murs du manoir.

Benny était clairement inquiet. Son pistolet passait sans cesse de la tête de Bébé aux portes d'entrée. Sa respiration était irrégulière et laissait penser qu'il était sérieusement paniqué. En fait, Bébé se demandait s'il n'était pas encore plus paniqué qu'elle, même si c'était elle qui avait un pistolet contre la tempe.

Lorsqu'ils eurent parcouru la moitié de l'allée, Benny lui murmura à l'oreille :

« Ma voiture est garée juste là. Quand on y sera, tu montes du côté passager. Ne fais rien de stupide ou tu le regretteras. »

Bébé décida d'essayer de jouer avec son anxiété.

« L'Iroquois est venu pour me ramener à la maison, dit-elle. Si vous m'emmenez avec vous, il viendra à notre poursuite. Laissez-moi ici et il vous oubliera. Vous pouvez encore vous enfuir.

– L'Iroquois est venu pour te ramener à la maison ? C'est qui, exactement ? »

Bébé n'eut pas le temps de répondre. La silhouette du tueur masqué apparut au milieu de la fumée derrière les portes du

Minou Joyeux. Il sortit du manoir à grandes enjambées, jusqu'à ce qu'il soit clairement visible, devant la fumée qui filtrait derrière lui. Il tenait un pistolet dans sa main droite. Il s'arrêta et le pointa en direction de Benny et Bébé.

Benny braqua son arme sur lui et cria.

« Pas un pas de plus ! »

L'Iroquois étant déjà immobile, l'injonction de Benny était légèrement hors de propos, ce qui confirmait qu'il n'avait plus toute sa tête.

Le tueur à la crête rouge garda son arme pointée sur eux. Il semblait viser la tête de Benny.

« Attends une seconde ! hurla Benny. Écoute-moi, bordel ! Je ne vais pas faire de mal à la fille. Pose ton arme et laisse-nous partir d'ici. Mais si tu tires une seule balle dans ma direction, je vous tuerai tous les deux. Et ce sera ta faute !

– Tire-moi dessus, répondit l'Iroquois.

– Quoi ?

– Tire-moi dessus. À cette distance, tu rateras ta cible. »

Benny détourna son arme du psychopathe masqué et pressa le canon contre le crâne de Bébé.

« Fais pas de conneries ! grommela-t-il. C'est moi qui mène le jeu. Pose ton arme ou je tue la fille. Maintenant. Et pas de mouvement brusque. »

L'Iroquois resta immobile mais ne fit rien qui laissait penser qu'il envisageait d'obéir à Benny, qui semblait de plus en plus nerveux. Il pressa le canon de son arme encore plus fort sur la tempe de Bébé, qui retint ton souffle et essaya de ne pas bouger. Était-ce vraiment comme ça qu'elle allait mourir ?

« Pose ton arme et allonge-toi ! hurla Benny. Tu as trois secondes pour obéir ou je la tue. Un... Deux... »

L'Iroquois réagit enfin.

« OK. »

Il leva la main gauche pour indiquer à Benny d'arrêter de compter. Puis il se pencha en avant et posa le pistolet au sol.

Bébé ferma les yeux et grimaça, craignant que Benny n'en profite pour tirer sur l'Iroquois.

BANG !

Bébé entendit distinctement le coup de feu et sentit même la balle lui frôler l'oreille dans un sifflement. Benny relâcha son étreinte et elle entendit son pistolet s'écraser sur les graviers. Elle ouvrit un œil et vit Benny effondré sur le sol, formant un tas à ses pieds. Il avait reçu une balle au visage. Son crâne n'avait pas vraiment explosé, il n'avait qu'un trou en plein milieu du front, dont s'écoulait un peu de sang. Ses yeux étaient révulsés et sa langue sortait de sa bouche.

Elle regarda l'Iroquois. Il était penché en avant, appuyé sur un genou. Dans un nuage de fumée derrière lui, son arme braquée sur elle, se dressait Jack Munson. De la fumée d'une teinte plus foncée s'échappait du canon de son arme.

Bébé eut le souffle coupé lorsqu'elle prit conscience de l'énorme risque que Munson venait de prendre.

« Oh, mon Dieu, bafouilla-t-elle. J'arrive pas à croire que vous ayez fait ça !

– Tout va bien, dit Munson en baissant son arme. Je vise juste quatre-vingt-dix-neuf fois sur cent. »

54

Joey Conrad retira le masque à la crête rouge et le laissa tomber à ses pieds. Il passa la main dans son épaisse chevelure, que le masque avait un peu aplatie.

« Ravi de te revoir, Jack, dit-il.

– T'as fait du bon boulot, Joey, dit Munson. Peut-être un peu excessif à mon goût, mais le boulot est fait. C'est le principal, je suppose.

– Ouais. »

Munson regarda en direction de Bébé, au bout de l'allée. Elle n'avait pas bougé d'un poil depuis qu'il avait tiré une balle dans le front de Benny Stansfield.

« Ça va aller, Marianne ? » lança-t-il.

Bébé hocha la tête.

« Ça vous embêterait de m'appeler Bébé ? demanda-t-elle timidement. Je suis pas encore prête pour Marianne. »

Elle semblait avoir froid, dans l'air de la nuit, vêtue d'un jean et d'un débardeur rouge. Joey Conrad s'approcha d'elle. Il enleva sa veste en cuir rouge et la posa sur ses épaules.

« Là, pour pas que tu prennes froid.

– Et maintenant ? demanda Bébé.

– Je te ramène à la maison. » Il passa la main dans ses cheveux et sourit.

Bébé plongea son regard dans le sien et sourit à son tour, un peu nerveuse.

« Merci pour tout, dit-elle.

– Aucun problème. »

Munson les interpella.

« Je peux la ramener.

– C'est ma première vraie mission, Jack, répondit Conrad en se tournant vers lui. Le but était de sauver Bébé et de la ramener chez elle. Laisse-moi la mener à bien. »

Munson hésita. Il regarda Bébé et comprit qu'elle n'était pas vraiment en état de prendre la bonne décision. En quelques heures, son monde avait été mis sens dessus dessous, et il était évident qu'elle s'accrochait à celui avec qui elle était sûre d'être en sécurité. L'ironie, c'est que cette personne était Joey Conrad, l'homme qui venait de passer les dernières vingt-quatre heures à déambuler dans la ville avec un masque d'Halloween, tuant toutes les personnes qu'il croisait.

« Bébé, tu es sûre que tu veux y aller avec lui ? demanda Munson, juste pour être certain de bien interpréter les choses. Je peux t'emmener si tu veux. Ce sera peut-être plus discret.

– Ça ira. Le prenez pas mal mais, avec lui, je suis sûre de quitter cette ville en un seul morceau. »

Munson éclata de rire et secoua la tête, amusé par l'ironie de la situation.

« Ça marche, mais promets-moi de saluer ton père de ma part, quand tu le verras. »

Il se pencha et attrapa le masque de l'Iroquois. Il était plus lourd qu'il n'imaginait. Il était vraiment grotesque ; même maintenant, sans personne à l'intérieur, il était toujours aussi effrayant. Il le lança à Joey Conrad.

« Tu devrais le garder, dit-il. Ça pourrait te servir un jour.

– J'espère bien », répondit Conrad en rattrapant le masque.

Munson s'époussetta. Ses épaules et ses cheveux étaient couverts de toutes sortes de résidus de fumée et de poudre.

« Je vais me nettoyer un peu ici, dit-il. Vous deux, vous feriez bien de vous dépêcher de partir. Vous pouvez quitter la ville sans que quiconque sache que vous étiez ici. Mais l'hôpital va bientôt devoir signaler ton évasion, Joey. Et dès qu'ils le feront, tout le pays sera à ta poursuite. Tu dois la ramener à la maison avant qu'ils ne t'arrêtent. »

Joey Conrad s'approcha de Munson et tendit la main. Munson la serra fermement et Conrad lui sourit.

« C'était bon de te revoir, Jack.

– Toi aussi. »

Munson marqua une courte pause avant d'ajouter un compliment qui ferait certainement plaisir à son ancien élève.

« Tu aurais fait un excellent soldat. »

Conrad sortit un petit objet en métal de la poche de son jean noir et le glissa dans la main de Munson.

« Tiens, dit-il. J'ai piqué ça dans le bureau de Mellencamp. »

C'était un Zippo finition miroir étincelant. Munson s'était déjà servi d'un Zippo pour mettre le feu à une scène de crime. Mais, cette fois, il n'était pas rongé par la culpabilité à l'idée de le faire.

Munson fut distrait par la vision de son reflet dans le briquet pendant quelques secondes, jusqu'à ce que Bébé ne l'interpelle.

« Est-ce que je vous reverrai, à la maison ? »

Il la regarda avec un sourire réconfortant.

« Je ne pense pas. J'ai prévu de prendre ma retraite. J'envisage de vivre une vie tranquille, quelque part où personne ne me trouvera. Surtout pas ton papa. »

Bébé courut vers lui et planta un baiser sur sa joue.

« Quand je le verrai, je lui dirai à quel point vous avez été génial.

– Merci. Et maintenant, tirez-vous d'ici. »

Joey Conrad passa son bras autour de l'épaule de Bébé et la conduisit au bout de l'allée. Ils s'arrêtèrent un moment à côté du cadavre de Benny Stansfield et Conrad récupéra les clefs de la voiture du flic mort dans la poche de sa veste. Munson resta quelques instants à regarder l'étrange spectacle qu'offraient les deux jeunes gens qui se dirigeaient vers la voiture de Benny. La douce Marianne Pincent, la petite fille qu'il avait connue alors qu'elle n'avait que cinq ans, marchait sous le soleil couchant vêtue d'une veste en cuir rouge deux fois trop grande pour elle, dans les bras d'un homme qui venait de s'échapper d'un asile de fous et avait exterminé la moitié des habitants d'une petite ville. Et pourtant, lorsque Munson les regarda et vit Conrad avec son bras autour de l'épaule de Bébé, et Bébé appuyée contre lui, il se sentit un peu envieux.

« Quel monde de merde », songea-t-il.

Il regarda le Zippo dans sa main. Il était temps de mettre le feu au Minou Joyeux et à sa triste histoire.

Il retourna à l'intérieur du bâtiment et chercha dans les pièces au rez-de-chaussée un liquide inflammable. Tout ce qu'il trouva fut un bar dans une des salles à manger. Il répandit autant d'alcool que possible sur le sol, les escaliers et les meubles et commença à mettre le feu à tous les rideaux.

Lorsqu'il fut sûr d'avoir créé assez de départs de feu pour enflammer tout le bâtiment, il retourna dans le hall d'entrée avec la dernière bouteille d'alcool qu'il avait piquée dans le bar. C'était une bouteille de son rhum préféré.

Il dévissa le bouchon et renifla. Il ne ressentit même pas le besoin d'en boire une gorgée. Il se contenta de savourer l'odeur et, sans le moindre regret, il en versa le contenu sur le canapé du salon. Jusqu'à la dernière goutte.

Il ouvrit le briquet et la flamme s'alluma instantanément. Le Zippo, qui avait déjà beaucoup servi, était brûlant. Il le balança sur le canapé qui s'embrasa immédiatement. Des flammes immenses se propagèrent très vite dans la pièce et une énorme vague de chaleur enveloppa Munson. Il fit demi-tour pour retrouver l'air frais de la nuit. Il n'avait fait que deux pas lorsqu'il entendit une voix de femme hurler depuis le balcon au-dessus de lui.

« Au secours ! Je suis là-haut ! »

Munson se retourna et leva les yeux. Sur le balcon en haut des marches se tenait, absolument terrifiée, une belle jeune femme aux longs cheveux bruns et à la peau sombre et crémeuse, vêtue d'une guêpière rouge et de bas noirs. Le brasier l'empêchait de descendre l'escalier.

Merde!

« Sautez. Je vous rattrape! hurla Munson en se plaçant sous le balcon.

– Que je saute? Vous êtes taré? »

Elle était de toute évidence complètement paniquée et n'avait pas les idées bien en place. Heureusement, grâce à des années d'entraînement et beaucoup d'expérience, Munson savait exactement comment calmer une prostituée hystérique prisonnière d'une maison en feu.

« Comment vous appelez-vous? cria-t-il à son intention.

– Jasmine.

– D'accord, Jasmine. Je m'appelle Jack. Je suis un agent du gouvernement. Passez par-dessus le balcon et je vous rattraperai. Ne vous inquiétez pas, j'ai fait ça un million de fois. Je ne vous laisserai pas tomber. »

L'espace de quelques instants, Jasmine sembla oublier ses malheurs.

« Un agent du gouvernement? demanda-t-elle, son visage révélant un intérêt soudain. Comme James Bond? »

La jeune femme était soit en état de choc, soit bête à manger du foin. Elle était sur le point de brûler vive mais elle prenait le temps de lui demander s'il était « comme James Bond ». C'était à la fois mignon et ridicule. Une réponse ferme et rassurante s'imposait.

« Je suis *exactement* comme James Bond, hurla Munson. Maintenant, sautez, nom de Dieu! »

Le visage de Jasmine s'illumina lorsqu'elle apprit qu'il était *exactement comme James Bond*. Elle passa par-dessus le balcon sans hésiter une seconde. Munson se stabilisa et l'attrapa dans ses bras, pliant les genoux pour amortir la chute. Dès qu'il la rattrapa, elle passa ses bras autour de son cou et l'embrassa sur la joue. Un sourire radieux illuminait son visage et elle semblait avoir complètement oublié qu'ils étaient au milieu d'un immense brasier. Munson essaya de la poser, mais elle resserra ses bras autour de son cou et le regarda dans les yeux.

« J'ai toujours rêvé d'être sauvée d'une maison en feu par James Bond.

– Ce sera plus rapide si je vous repose. Comme ça, on pourra courir tous les deux.

– Mais je peux pas courir avec ces talons ! »

Munson regarda ses chaussures. Elle portait une paire de talons aiguilles ridiculement hauts. Et même s'ils étaient encerclés de flammes de deux mètres de haut et que des cadavres de flics brûlaient tout autour d'eux, il remarqua qu'elle sentait très bon. *Oh, et puis merde*, décida-t-il. *Tous les hommes devraient avoir sauvé une pute en folie d'une maison en feu au moins une fois dans leur vie.* Il se précipita vers la sortie avec Jasmine dans ses bras. Elle n'était pas très lourde, la tâche n'était donc pas trop difficile. Il sortit en courant et retrouva l'air froid de l'extérieur. Une partie des escaliers et du plafond commençait à s'effondrer derrière lui. Tandis qu'il courait le long de l'allée, Munson entendit une série d'explosions en provenance du bâtiment. Le Minou Joyeux s'écroulait, illuminant le ciel noir.

Munson s'arrêta enfin et reposa Jasmine. Elle se stabilisa sur ses talons aiguilles pendant que Munson se penchait pour reprendre son souffle. Transporter Jasmine hors du bâtiment en feu avait peut-être été grisant, héroïque et bon pour son ego, mais ça l'avait complètement épuisé.

« Qui a mis le feu ? demanda Jasmine en s'époussetant, les yeux fixés sur le manoir en feu.

– C'est important ? demanda Munson, haletant.

– Pour moi, oui. Je travaille ici. »

Munson se redressa et se frotta le dos, qui commençait à lui faire mal.

« Vous n'avez plus à travailler ici. Vous pouvez rentrer à la maison.

– *C'était* ma maison.

– Eh bien, maintenant vous pouvez commencer une nouvelle vie, ailleurs.

– Avec quoi ? Tout ce que je possède est en train de partir en fumée.

– Croyez-moi. Vous serez mieux loin d'ici.

– Alors où est-ce que vous m'emmenez ? »

Munson observa le bâtiment en feu. Il en émanait une chaleur étouffante, même à quarante mètres de là. Mais il lui vint à l'esprit que, sans le feu, Jasmine mourrait de froid en sous-vêtements.

« Vous voulez ma chemise ?

– Non. Je veux un endroit pour vivre. Où est-ce que vous m'emmenez ?

– Je ne sais pas. Il va falloir que vous trouviez un endroit. Ce n'est pas mon problème. »

Jasmine posa les mains sur ses hanches et fit claquer son talon aiguille par terre.

« Je sais que c'est vous qui avez mis le feu. Vous me devez une maison, *monsieur l'agent du gouvernement* ! »

Munson se frotta les sourcils en réfléchissant à la meilleure façon de la calmer. Avant qu'il n'ait une chance de trouver quelque chose, Jasmine se mit à taper des mains.

« Regardez, regardez ! couina-t-elle. Je crois que l'étage est en train de s'effondrer ! C'est trop cool. J'ai jamais vu un bâtiment prendre feu avant. Vous oui ? »

Munson observa Jasmine et fit de son mieux pour cacher sa perplexité. Cette fille était folle à lier. Mais il trouvait ça plutôt attachant. Et puis, elle était magnifique, ce qui brouillait peut-être un peu son jugement. Il la regardait taper des mains, tout excitée devant la maison en feu, lorsqu'il sentit son téléphone vibrer dans sa poche. Il le sortit et vit un appel entrant de Devon Pincent. Il plaça son téléphone contre son oreille.

«Salut, Devon.

– Qu'est-ce qui se passe?

– Ta fille est en chemin. On l'a sortie d'ici. En un seul morceau.

– Seigneur.» La voix de Pincent sembla se briser. Munson sourit en pensant à l'émotion que son vieil ami devait ressentir. Mais Pincent, égal à lui-même, se reprit et poursuivit: «Est-ce qu'elle est avec toi?

– Non. C'est Joey Conrad qui te la ramène. Il est devenu vraiment bon. Toutes ces années d'entraînement ont fini par payer. L'opération Blackwash est un succès, finalement.»

Pincent laissa échapper un long soupir, que Munson supposa de soulagement à bien des égards.

«Merci pour ton aide, dit Pincent. J'apprécie. Vous avez laissé beaucoup de bordel derrière vous? On peut en effacer les traces?»

Munson se tourna vers le Minou Joyeux, presque réduit en cendres. Il jeta un regard en biais à Jasmine qui avait cessé de taper des mains et se tenait si tranquille qu'elle était de toute évidence en train d'écouter la conversation tout en essayant de montrer le contraire. Il se détourna légèrement. «J'ai mis le feu aux preuves. Le seul problème, c'est que la moitié de la ville sait que j'étais là. Pas besoin d'être un génie pour comprendre que je suis impliqué dans cette merde.

– J'ai tout prévu, Jack. Quitte la ville et rends-toi immédiatement à l'aéroport d'Andrews. Un avion privé t'attend pour t'emmener en Roumanie. Je t'ai fait préparer un appartement vraiment classe là-bas.

– En Roumanie? Sérieusement? Pourquoi la Roumanie? Pourquoi pas les Bahamas?

– Parce qu'il y a quelque chose dont je voudrais que tu t'occupes en Roumanie. Un autre boulot si tu veux. Mais cette fois tu n'auras à tuer personne. Et je t'ai mis un peu d'argent de côté.

– Mais la Roumanie ? C'est le trou du cul du monde. Qu'est-ce qu'il y a à faire là-bas ? »

Jasmine suggéra une réponse.

« Le Danube, les Carpates, le château de Pele's, les stations balnéaires de la mer Noire. »

Munson couvrit le téléphone de sa main.

« Qu'est-ce que vous racontez ? murmura-t-il, visiblement énervé.

– La Roumanie. Vous demandiez ce qu'il y avait à faire. J'ai juste donné quelques idées.

– Comment vous savez tout ça sur la Roumanie ?

– Je regarde History Channel. Oohhh, regardez, la cheminée va s'effondrer ! »

Munson secoua la tête. Jasmine était une nouvelle fois captivée par le manoir en feu. *Espèce de folle.* Il retira sa main du téléphone et reprit sa conversation avec Pincent.

« J'ai une autre option que la Roumanie ?

– Pas pour le moment, répondit Pincent. Écoute, j'ai besoin de toi là-bas pendant quelques mois. Rends-moi ce dernier service et tu seras tranquille pour le restant de tes jours. Je te trouverai une place aux Bahamas après, c'est promis. »

Munson réfléchit à son offre. Il n'avait de toute façon pas vraiment le choix. Il devait quitter le pays et faire profil bas pendant quelque temps. Et le voyage en Roumanie était apparemment sa seule option.

« J'aurai besoin de mon passeport ? demanda-t-il.

– Non. Tu ne passeras pas par la douane.

– Une seconde. » Munson baissa le téléphone et regarda Jasmine. « Vous n'avez pas de maison, n'est-ce pas ?

– Non.

– Et vous semblez connaître pas mal de choses sur la Roumanie.

– Plus que vous apparemment.

– Vous savez préparer le petit déjeuner ? »

Jasmine pencha la tête sur le côté et lui sourit.

« Je sais faire chauffer une bonne saucisse en un rien de temps », dit-elle avec un clin d'œil.

Munson leva les yeux au ciel et soupira.

« Ça vous dirait de venir en Roumanie avec moi ?

– Je pensais que vous ne poseriez jamais la question. »

Munson remit le téléphone contre son oreille.

« Devon. Assure-toi qu'il y aura de la place pour deux dans l'avion.

– Ça marche, Jack. Et bonne chance. Tu vas en avoir besoin, apparemment. »

55

Quitter B Movie Hell n'avait pas été aussi délicat que Bébé l'imaginait. La voiture de police qui était garée au bout du pont et empêchait quiconque de quitter la ville avait détalé en apercevant la voiture de stock-car jaune et rouge qui lui fonçait dessus.

Depuis, la route avait été tranquille. Bébé n'avait jamais traversé la campagne en voiture avant. Ils écoutèrent son CD de *Dirty Dancing* en boucle pendant tout le trajet. Joey Conrad semblait apprécier la musique et, pour la première fois depuis plusieurs années, Bébé avait l'impression d'être une jeune fille normale.

Pendant les premières heures, ils avaient échangé l'histoire de leurs vies respectives au Minou Joyeux et à l'asile de Grimwald, dans une surenchère d'anecdotes toujours plus effrayantes. En matière de folie et d'oppression, leurs expériences se valaient. Finalement, Bébé commença à être fatiguée et, tandis qu'elle racontait la fascination de Chardonnay pour les vêtements en léopard, elle s'endormit au son de « She's like the wind » de Patrick Swayze.

Elle dormit pendant ce qui lui parut des jours. D'un sommeil profond. Un sommeil heureux, comme elle n'en avait pas connu depuis l'enfance. La peur d'être réveillée et forcée à pratiquer des actes sexuels avec des étrangers l'avait quittée. Personne ne lui ferait de mal tant qu'elle dormait à côté de Joey Conrad.

Lorsqu'elle se réveilla, la voiture était garée. Le CD de *Dirty Dancing* tournait toujours. Elle cligna plusieurs fois des yeux pour s'assurer qu'elle était bien réveillée et pas en train de rêver de Patrick Swayze comme elle l'avait fait si souvent par le passé. Elle entendit Bill Medley et Jennifer Warnes chanter « Time of my life ». Mais ce n'était pas un rêve. Elle était toujours dans la voiture de Joey Conrad. Elle sourit en voyant qu'il avait continué à écouter son CD préféré même quand elle dormait.

Elle tourna la tête vers lui. Il ne portait plus son masque. Les yeux fixés sur le pare-brise, il semblait être plongé dans ses pensées.

« Où sommes-nous ? » demanda-t-elle.

Il n'avait pas remarqué qu'elle était réveillée. Il la regarda et sourit.

« Tu es à la maison. »

Elle dessina un cercle de la tête pour décontracter son cou et regarda par la fenêtre. Il s'était garé devant une maison individuelle d'un quartier tranquille. Il y avait une palissade blanche tout autour de la maison et un petit chemin goudronné qui conduisait à la porte d'entrée.

« C'est là ? C'est ici que je vis ? » Elle ne reconnaissait pas du tout l'endroit.

« Je crois oui. J'attendrai dans la voiture pendant que tu vérifies s'il y a quelqu'un. »

Bébé se redressa et se frotta les yeux.

« Tu ne viens pas avec moi ?

– Je peux pas.

– Pourquoi ?

– Je dois repartir. Il y a d'autres personnes disparues à trouver. Et d'autres Silvio Mellencamp à tuer. »

Elle le regarda dans les yeux et repensa à ses premières rencontres avec lui. Il avait découpé Arnold au restaurant, ainsi que deux types qui avaient essayé de l'en empêcher. Lors de leur deuxième rencontre, dans sa chambre, il avait découpé Reg, le chef cuisinier, en morceaux. Puis il avait abattu tous les hommes de Mellencamp. Il avait fait toutes ces choses avec son masque jaune et sa veste en cuir rouge, qu'il portait de nouveau après lui avoir prêtée.

« Avant de partir, tu veux bien faire une dernière chose pour moi ? demanda-t-elle.

– Quoi ?

– Remets ton masque. »

Il sourit une nouvelle fois, comme s'il pouvait lire dans ses pensées.

« D'accord. »

Il se tourna vers le siège arrière et attrapa l'épais masque en caoutchouc jaune. Il l'enfila sur sa tête et l'ajusta pour que ses yeux voient clairement par les trous. Puis il la regarda. Le masque était toujours aussi hideux et lui rappelait les horreurs dont Joey Conrad était capable. Bébé enregistra l'image de son masque, ses cheveux rouges et ses yeux noirs, la peau jaune du squelette et son sourire maléfique. Elle ne voulait jamais l'oublier.

« Allez. Il est temps d'y aller, dit-il. Tu ferais bien de te dépêcher. Je dois rester en mouvement. Les flics sont après moi, tu sais.

– Ils vont t'attraper ?

– Un jour, oui. Ils m'attraperont. »

Bébé détacha sa ceinture de sécurité et se redressa. Elle passa sa main dans la bande de cheveux rouges au-dessus du masque, puis se pencha et embrassa les horribles dents jaune et noir du masque. La bouche de Joey Conrad était derrière le caoutchouc. Elle le sentit lui rendre son baiser. Pendant des années, elle avait rêvé qu'un prince charmant viendrait la secourir, qu'ils s'embrasseraient et que tout irait bien. Dans son rêve, Bill Medley et Jennifer Warnes chantaient toujours « Time of my life » en arrière-plan. Son rêve s'était enfin réalisé, même si le prince charmant ne ressemblait en rien à ce qu'elle avait imaginé. Mais elle ne l'oublierait jamais.

Elle retira ses lèvres du masque et se pencha vers la portière. Elle l'ouvrit d'un geste hésitant.

« Est-ce que je te reverrai un jour ? »

Il mit le contact et regarda la route devant lui.

« Tu me verras aux infos un jour.

– Alors est-ce que tu peux me promettre quelque chose ?

– Ça dépend.

– Je voudrais que tu gardes mon CD de *Dirty Dancing* et que tu penses à moi chaque fois que tu entendras cette chanson. »

Il détourna son regard de la route et le posa sur elle. Elle n'en était pas tout à fait sûre, mais elle avait l'impression qu'il souriait derrière le masque.

« Bien sûr. »

Bébé attrapa le sac à main rose à ses pieds et sortit de la voiture. Elle ferma la portière derrière elle et se pencha par la vitre.

« Je ne t'oublierai jamais », promit-elle.

Il hocha la tête. Elle lui sourit une dernière fois, puis se tourna et fit un premier pas éprouvant vers le portail de la maison de son père.

Joey Conrad regarda Bébé se diriger d'un pas hésitant jusqu'à la porte de la maison. Elle appuya sur la sonnette et attendit nerveusement une réponse. Cinq ou six secondes plus tard, la porte s'ouvrit. Un homme d'une cinquantaine d'années en costume gris apparut dans l'entrebâillement. Conrad le reconnut. C'était Devon Pincent. L'homme posa les yeux sur la jeune fille qui se tenait devant sa porte, en jean bleu et débardeur rouge, et un sourire radieux illumina instantanément son visage.

Il fit un pas vers l'extérieur et prit sa fille dans ses bras. Il la serra fort, comme s'il ne voulait jamais plus la quitter. Bébé répondit de la même façon, jetant ses bras autour de son père pour la première fois depuis ses cinq ans. De son siège dans la voiture, Joey Conrad pouvait entendre Devon Pincent pleurer comme un enfant en embrassant sa fille. Il était heureux pour Pincent, son ancien mentor, mais, au fond de lui, pour des raisons égoïstes, il se sentait un peu triste. Il ne connaissait Bébé que depuis très peu de temps, mais elle était déjà la meilleure amie qu'il ait jamais eue. Elle allait lui manquer. Devon Pincent avait beaucoup de chance.

Il regardait Pincent et Bébé s'embrasser depuis à peine dix secondes lorsqu'il entendit les sirènes hurler derrière lui. Elles s'intensifièrent, couvrant la chanson de Bill Medley et Jennifer Warnes. Dans son rétroviseur, l'Iroquois vit deux voitures de police déraper dans le virage et se diriger droit vers lui. Il tourna un bouton sur le lecteur de CD et mit le volume au maximum.

Il était temps de tailler la route.

Les papiers utilisés dans cet ouvrage
sont issus de forêts responsablement gérées.

Mis en pages par Soft Office – Eybens (38)
Imprimé en France par Normandie Roto s.a.s.
Dépôt légal : octobre 2013
N° d'édition : 227 – N° d'impression : 133741
ISBN 978-2-35584-227-6